示范性院校应用型规划教材

汽车电控发动机构造与维修

主　编　宫照邦　田林波
主　审　李远军

天津大学出版社
TIANJIN UNIVERSITY PRESS

内 容 提 要

本书采用实际维修作业过程中的典型工作任务引领方式编写，分为六个任务，包括认知汽车发动机电控系统，电控发动机检测设备仪器的认知与应用，电控发动机传感器的认知与检测，电控发动机执行元件的认知与检测，电控发动机中央控制单元的认知与检测，电控发动机综合故障诊断与排除。

本书的特点是习题中的题目有部分是需要学生自主查找资料来完成的，文中讲述过程中没有提到，主要目的在于锻炼学生的自我学习能力。

本书适用于中等职业院校汽车维修相关专业的学生，也可作为汽车维修从业人员的参考用书。

图书在版编目（CIP）数据

汽车电控发动机构造与维修／宫照邦，田林波主编
. -- 天津：天津大学出版社，2015.6
示范性院校应用型规划教材
ISBN 978-7-5618-5337-5

Ⅰ.①汽… Ⅱ.①宫… ②田… Ⅲ.①汽车—电子控制—发动机—构造—中等专业学校—教材②汽车—电子控制—发动机—车辆修理—中等专业学校—教材 Ⅳ.①U472.43

中国版本图书馆 CIP 数据核字（2015）第 143387 号

出版发行 天津大学出版社
地　　址 天津市卫津路 92 号天津大学内（邮编：300072）
电　　话 发行部：022-27403647
网　　址 publish.tju.edu.cn
印　　刷 昌黎太阳红彩色印刷有限责任公司
经　　销 全国各地新华书店
开　　本 185mm×260mm
印　　张 9
字　　数 225 千
版　　次 2015 年 6 月第 1 版
印　　次 2015 年 6 月第 1 次
定　　价 22.00 元

丛书编委会

本书编委会

前　言

汽车行业发展迅速，电子技术在汽车上的应用更是广泛，当前最为紧缺的就是掌握机电一体化技术的修理人才。

“汽车电控发动机构造与维修”就是将机、电、液、气融为一体的课程，是培养机电一体化基础技术人才的关键课程之一，也是汽车运用与维修专业的核心课程之一。

国内各出版社在电控发动机上所开发的教材形式多样，但内容大同小异，不能针对各自学校的现状进行编制。这就影响到学校日常教学中就地取材、因地制宜教学手段的开展，容易使学生产生对学校的误解甚至出现厌学现象。虽然国内目前有一部分新出版的教材开始注重实践操作，但大部分仍然比较注重理论知识的讲解。然而注重实践操作是职业教育教材的一个发展趋势。

在德国，学生所需的教材均是由组织教学的机构根据用人单位的需求进行编制，教材内容更贴近实际，整体的可操作性更强；教师教学更方便，学生学习更容易。该方式应引起我们的重视。

本教材最大的特点与创新就是将电控系统按功能分解为五大任务以及综合故障诊断与排除，主旨是加强学生逻辑思维能力的训练。这样可使学生对电控系统了解得更深入，对电控系统各组成部分的原理、功能、检测、相互间的联系掌握得更清晰，不至于再出现将某些知识点弄混的现象。在电控发动机实际维修作业过程中，故障点的判断分析也是从了解电控系统的不同功能开始的。可见本教材的编写方式更贴近实际。

本教材由于是针对本校现状进行编制的，采用实际维修作业过程中的典型工作任务引领方式，环环相扣，适合于学生的逐层深入认知规律，且充分考虑到学生学习兴趣的提高，故在每一项子任务中都有任务实施的过程，充分体现了理实一体化教学模式的优点。所以本教材能充分发挥出学校当下实训设备所具备的功能，学生的学习兴趣将会得到更大的提高，学生的实操能力也将会得到更加充分的锻炼。填补了以往理论课学生大部分都在教室上“瞌睡”课而不能进行理实一体化学习的空白。

本教材图文并茂，使用了较多直观的图片，可明显提高学生的阅读兴趣，为理论与实践架起了良好的桥梁。

本教材是基于工作过程开发的。故在教材的整个环节中均体现了工作过程的任务导入、相关知识准备、任务实施、任务小结、任务检验。这是该教材的一大特色，且在任务检验环节主要是将理论与前期所做的实操工作结合起来进行理论知识的检验及升华。任务检验环节主要采用选择题与判断题的方式来实现，益处在于：第一，克服学生不愿做作业的缺点，在内容方面也对所学知识进行了拓展，某些题需要查找资料才能完成，能充分锻炼学生自主学习的能力；第二，习题中有很大一部分必须要有实践操作的经历才能得出结论，充分体现了理实一体化的教材特点。

该教材建议课时为 144 课时（其中机动课时为 12 课时）。

教材在使用过程中，难免存在不足，请广大读者及时向编者提出，以便修改完善。谢谢合作！

编者

2015 年 4 月

目　录

任务一
认知汽车发动机电控系统

任务背景介绍

由图 1－1 可见，电控系统的控制是由信号输入装置将信号传输给电控发动机中央控制单元（ECU），ECU 经过运算，输出信号给执行器来执行相应的命令。

输入

发动机上的传感器
- 温度：冷却液、进气、燃油
- 压力：进气、机油、燃油、大气压
- 转速：曲轴、凸轮轴

车辆信号
- 点火
- 电子油门
- 车速信号
- 开关
- 温度
- 压力

运算
- 转速
- 扭矩
- 排放
- 其他功能、特性

输出

发动机
- 喷油器
- 执行器
- 电子输油泵

车辆
- 指示灯
- 电子风扇
- 继电器
- 电子通信

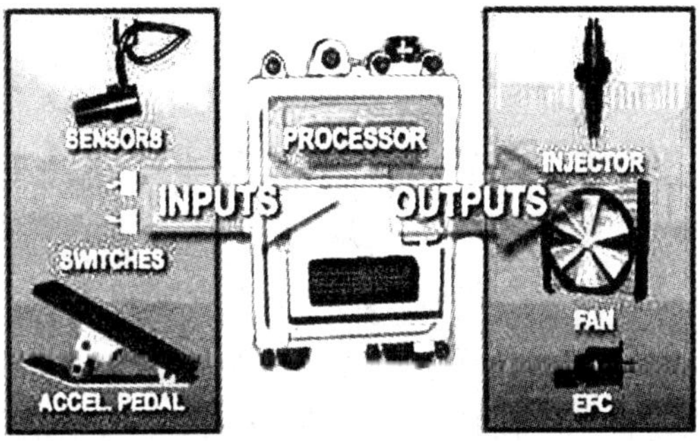

图 1－1　电控系统控制机理

本任务详细学习电控系统控制机理。

任务目标

1. 掌握电控系统的组成。
2. 掌握各组成部分的功用。
3. 掌握各组成部分间的关系。

子任务一　电控系统的认识

任务导入

针对卡罗拉轿车或雷克萨斯400发动机试验台仪表中故障灯点亮，分析该现象是否正常。如不正常，是什么原因造成的？

相关知识准备

一、电控技术对发动机性能的影响

（1）提高发动机的动力性。

（2）提高发动机燃油经济性。

（3）降低排放污染。

（4）改善发动机的加速和减速性能。

（5）改善发动机的启动性能。

二、电控系统的发展

电子控制系统（简称电控系统）的发展始于20世纪60年代，分为三个阶段：第一阶段，从20世纪60年代中期到70年代中期，主要是为了改善部分性能而对汽车产品进行的技术改造，如在车上装了晶体管收音机；第二阶段，从20世纪70年代末期到90年代中期，为解决安全、污染和节能三大问题，研制出电控汽油喷射系统、电子控制防滑制动装置和电控点火系统；第三阶段，20世纪90年代中期以后，电子技术广泛应用在底盘、车身、车用柴油发动机多个领域。

三、应用于发动机的电控系统

应用于发动机的电控系统如图1－2所示。

1. 电子燃油喷射系统

功用：电子燃油喷射系统可根据进气量确定基本喷油量，再根据其他传感器（冷却液温度传感器、节气门位置传感器等）信号对喷油量进行修正，使发动机在各种运行工况下均能获得最佳浓度的混合气，从而提高发动机的动力性、经济性和排放性。

2. 电控点火系统

功用：电控点火系统是点火提前角控制装置。根据各相关传感器（曲轴位置传感器、节气门位置传感器等）信号，判断发动机的运行工况和运行条件，选择最理想的点火提前角点燃混合气，从而改善发动机的燃烧过程，以实现提高发动机动力性、经济性和降低排放污染的目的。

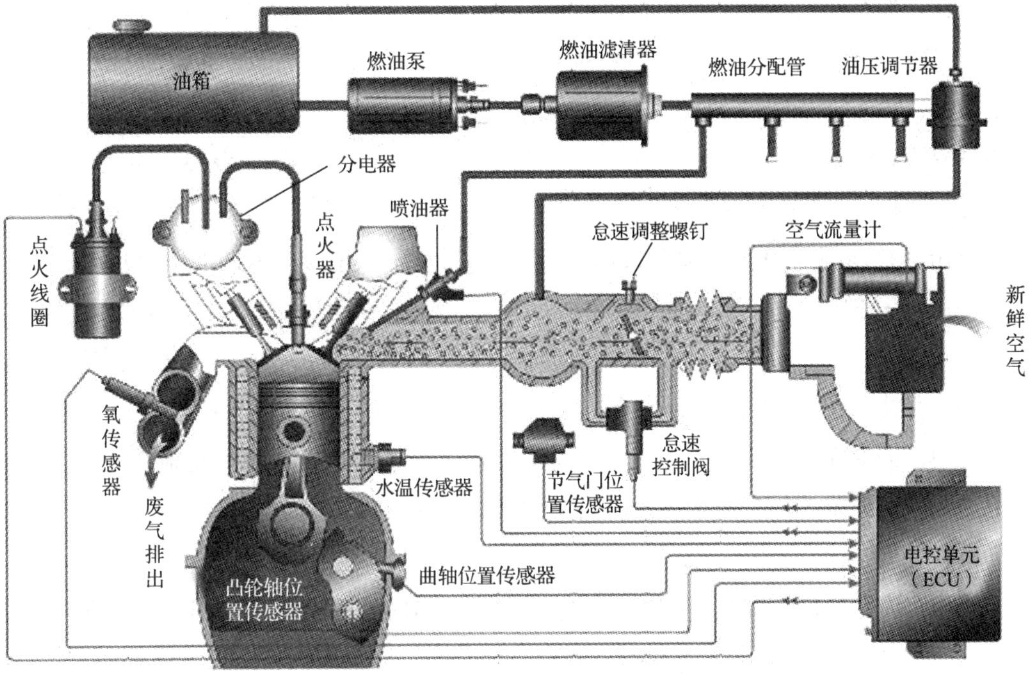

图 1－2　应用于发动机的电控系统

3. 怠速控制系统

功用：怠速控制系统是在发动机怠速工况下，根据发动机冷却液温度、空调压缩机是否工作、变速器是否挂入挡位等，通过怠速控制阀对发动机的进气量进行控制，使发动机随时以最佳怠速运转。

4. 排放控制系统

功用：排放控制系统主要对发动机排放控制装置的工作实行电子控制。排放控制的项目主要包括废气再循环（Exhaust Gas Recirculation，EGR）控制、活性炭罐电磁阀控制、氧传感器和空燃比闭环控制、二次空气喷射控制等。

5. 进气控制系统

功用：进气控制系统可根据发动机转速和负荷的变化，对发动机的进气进行控制，以提高发动机的充气效率，从而改善发动机动力性。

6. 增压控制系统

功用：增压控制系统对发动机进气增压装置的工作进行控制。在装有废气涡轮增压装置的汽车上，电子控制单元（Electronic Control Unit，ECU）根据检测到的进气管压力，对增压装置进行控制，从而控制增压装置对进气增压的强度。

7. 巡航控制系统

功用：设定巡航控制模式后，ECU 根据汽车运行工况和运行环境信息，自动控制发动机工作，使汽车自动维持一定车速行驶。

8. 警告系统

功用：由 ECU 控制各种指示和报警装置，一旦控制系统出现故障，该系统能及时发出信号以警告提示。

9. 自诊断与报警系统

功用：自诊断与报警系统用来提示驾驶员发动机有故障，同时系统将故障信息以设定的数码（故障码）形式储存在存储器中，以便帮助维修人员确定故障类型和范围。

10. 失效保护系统

功用：失效保护系统主要是当传感器或传感器线路发生故障时，控制系统自动按电脑中预先设定的参考信号值工作，以便发动机能继续运转。

11. 应急备用系统

功用：应急备用系统是当控制系统电脑发生故障时，自动启用备用系统（备用集成电路），按设定的信号控制发动机转入强制运转状态，以防车辆在路途中停驶。

四、电控系统的基本组成及功能

任何一种电控系统，其主要组成都可分为信号输入装置、电子控制单元和执行元件三部分。

（1）信号输入装置——各种传感器，采集控制系统的信号，并转换成电信号输送给 ECU。

（2）电子控制单元——ECU，简称电控单元，主要功用是给各传感器提供参考电压，接收传感器信号，进行存储、计算和分析处理后向执行器发出指令。

（3）执行元件——由 ECU 控制，执行某项控制功能的装置。

1. 电控单元的组成

电控单元一般由 CPU，扩展内存，扩展 I/O 口，CAN/LIN 总线收发控制器，A/D、D/A 转换口（有时集成在 CPU 中），PWM 脉宽调制，PID 控制，电压控制，看门狗，散热片和其他一些电子元器件组成，如图 1－3 所示。特定功能的 ECU 还带有诸如红外线收发器、传感器、DSP 数字信号处理器、脉冲发生器、脉冲分配器、电机驱动单元、放大单元、强弱电隔离等元器件。

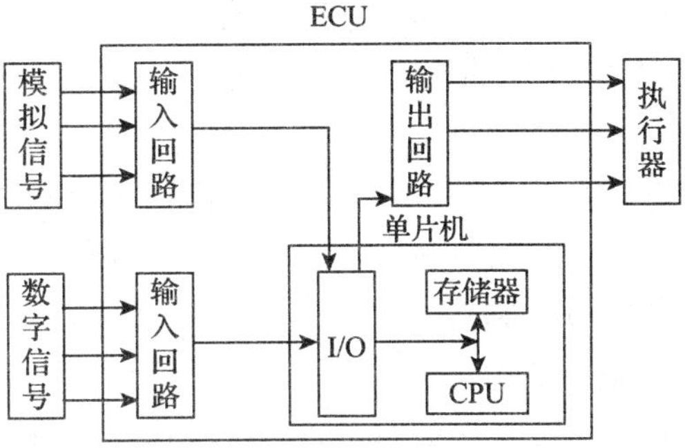

图1－3　电控单元的组成

整块电路板设计安装于一个铝质盒内（见图1－4、图1－5），通过卡扣或者螺钉安装于车身钣金上。ECU一般采用通用且功能集成、开发容易的CPU；软件一般用C语言来编写，并且提供了丰富的驱动程序库和函数库，有编程器、仿真器、仿真软件，还有用于标准化（Calibration）的软件。博世、德尔福、电装、VDO等都是汽车ECU行业的领导者。

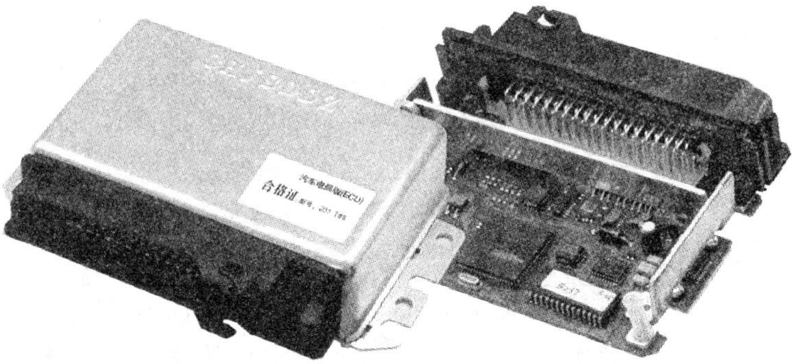

图1－4　电路板1

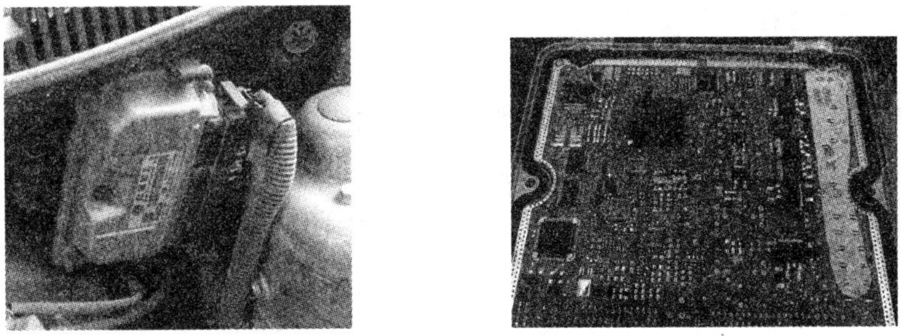

图1－5　电路板2

2. 电控单元的功能

1）电控单元的基本功能

（1）给传感器提供电压，接收传感器和其他装置的输入信号，并转换成数字信号。

（2）储存该车型的特征参数和运算所需的有关数据。

（3）确定计算输出指令所需的程序，并根据输入信号和相关程序计算输出指令数值。

（4）将输入信号和输出指令信号与标准值进行比较，确定并存储故障信息。

（5）向执行元件输出指令，或根据指令输出自身已储存的信息。

（6）自我修正功能（学习功能）。

2）电控单元的具体功能

（1）喷油控制，根据发动机进气量和转速，计算基本供油量，并根据压力和温度等信息进行修正，向喷油器发出喷油指令。

（2）排气净化控制，根据排气管中氧传感器的信号，自动调整供油量，精确控制空燃比。

（3）点火控制，根据发动机温度和负荷，计算最佳点火提前角。

（4）怠速控制，根据水温、气温及各种附件的负荷，控制怠速转速。

（5）其他控制，增压、冷启动、爆震、废气再循环、变缸工作转换、车速限制、自动变速控制、自动诊断等。

3. 电控单元的特点

电控单元是电控汽油喷射系统的核心控制元件，它实际上是一个微处理器。它的作用是接收各种传感器送来的信号，完成对这些信息的处理，并向各执行元件发出相应的指令，使发动机的性能、燃油消耗和废气排放都处于最佳的状态。

当整车供电后，ECU 开始不断地定时检测各传感器及开关信号，并以此为依据，计算出发动机各工况下的最佳供油量、最佳点火正时、最理想的怠速等。经输出驱动电路完成对喷油器、点火组件、怠速直流电动机和空调系统等的控制。

ECU 还不断地对电控系统中各传感器、执行器等部件的功能进行随时检测。一旦发现故障，立即将故障源以代码的形式存储在 ECU 的指定单元中，并且根据故障的类型决定系统是否进入“跛行”状态。与此同时，令“发动机故障警报灯”点亮，提示驾驶员应尽快维修。

4. 电控系统的控制类型

电控系统分为开环控制和闭环控制两类。

（1）开环控制系统的控制方式比较简单，ECU 只根据传感器信号对执行元件进行控制，而控制的结果是否达到预期目标对其控制过程没有影响。

开环控制（见图 1－6）——ECU 根据传感器的信号对执行器进行控制，但不去检测控制结果。

图 1－6　开环控制

（2）闭环控制系统除具有开环控制的功能外，还对其控制结果进行检测，并将检测结果（即反馈信号）输入 ECU，ECU 则根据反馈信号对其控制误差进行修正，所以闭环控制系统的控制精度比开环控制系统高。

闭环控制（见图 1－7）——也叫反馈控制，在开环的基础上，对控制结果进行检测，并反馈给 ECU。

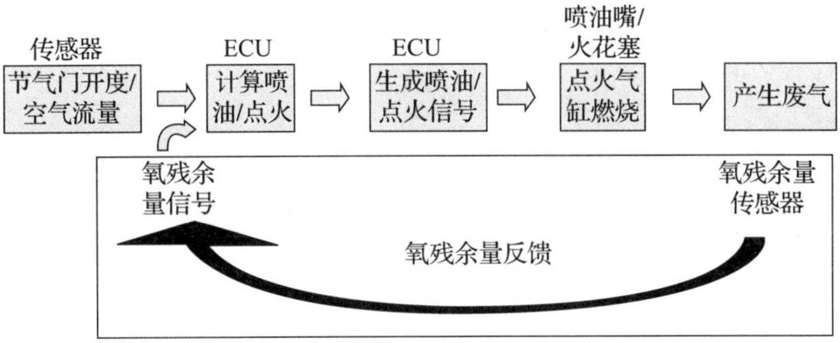

图 1－7　闭环控制

5. 传感器的类型及功用

（1）空气流量计——测量发动机的进气量，将信号输入 ECU。

（2）进气绝对压力传感器——测量进气管内气体的绝对压力，将信号输入 ECU。

（3）节气门位置传感器——检测节气门的开度及开度变化，将信号输入 ECU。

（4）凸轮轴位置传感器——提供曲轴转角基准位置信号，将信号输入 ECU。

（5）曲轴位置传感器——检测曲轴转角位移，给 ECU 提供发动机转速信号和曲轴转角信号。

（6）进气温度传感器——检测进气温度信号，将信号输入 ECU。

（7）冷却液温度传感器——给 ECU 提供冷却液温度信号。

（8）车速传感器——检测汽车的行驶速度，给 ECU 提供车速信号（SPD 信号）。

（9）氧传感器——检测排气中的氧含量，将信号输入 ECU。

（10）爆燃传感器——检测汽油机是否爆燃及爆燃强度，将信号输入 ECU。

（11）空调开关——当空调开关打开、空调压缩机工作、发动机负荷加大时，由空调开关向 ECU 输入信号。

（12）挡位开关——自动变速器挡位发生变化时，向 ECU 输入信号。

（13）启动开关——发动机启动时，给 ECU 提供一个启动信号。

（14）制动灯开关——制动时，向 ECU 提供制动信号。

（15）动力转向开关——当方向盘由中间位置向左右转动时，由于动力转向油泵工作而使发动机负荷加大，此时向 ECU 输入信号。

（16）巡航控制开关——当进入巡航控制状态时，向 ECU 输入巡航控制状态信号。

6. 执行元件的类型

执行元件包括喷油器、点火器、怠速控制阀、巡航控制电磁阀、节气门控制电动机、EGR 阀、进气控制阀、二次空气喷射阀、活性炭罐电磁阀、油泵继电器、风扇继电器、空调压缩继电器、自诊断显示与报警装置、仪表显示器等。

子任务二　电控系统的应用

任务导入

卡罗拉轿车出现发动机加速不良现象，判断应该是哪个部位的问题，由此引出电控系统各组成部分间的相互联系。

相关知识准备

电控系统在车辆上的应用如图 1－8 所示。目前在一些中高级轿车上，不但发动机上应用 ECU，其他许多地方也可发现 ECU 的踪影，例如防抱死制动系统、四轮驱动系统、电控自动变速器、主动悬架系统、安全气囊系统、多向可调电控座椅等都配置有各自的 ECU。随着轿车电子化、自动化的提高，ECU 将会日益增多，线路会日益复杂。为了简化电路和降低成本，汽车上多个 ECU 之间的信息传递就要采用一种多路复用通信网络技术，将整车的 ECU 形成一个网络系统，也就是 CAN 数据总线。

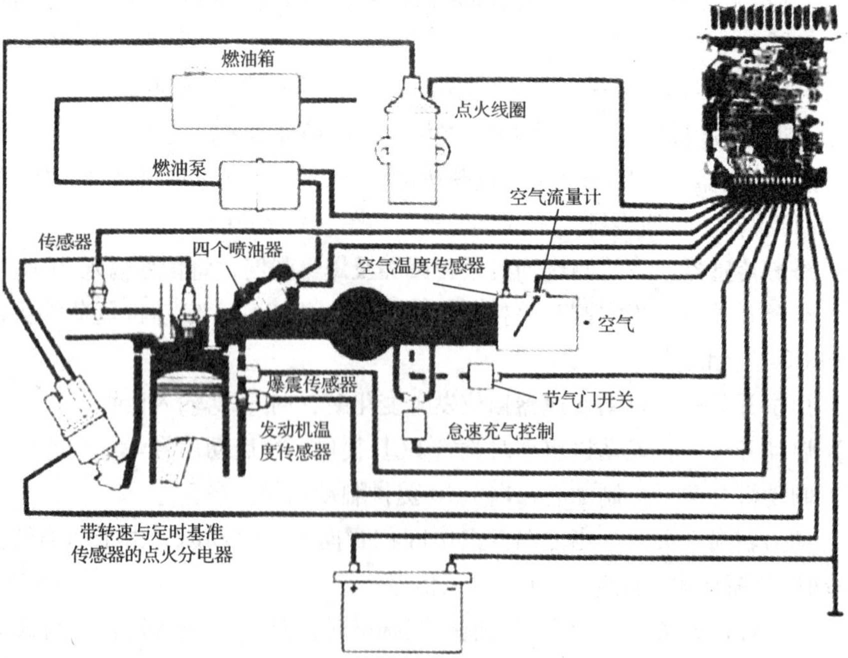

图 1－8　电控系统在车辆上的应用

电控系统主要用于以下方面。

（1）发动机控制：点火、气门正时调节、节气门调节、启动电机调节、启动离合调节、喷油调节等。

（2）无极变速器控制：传动链位置调节、转速调节。

（3）自动变速箱控制：继电器或电磁换向阀控制。

（4）主动悬架：空气弹簧刚性和阻尼孔大小调节。

（5）驱动力以及防滑控制：防抱死制动系统（Antilock Brake System，ABS）、电子制动力分配（Electronic Brakeforce Distribution，EBD）、紧急制动辅助装置（Electronic Brake Assist，EBA）、电控行驶平稳系统（Electronic Stability Program，ESP）、循迹控制系统（Traction Control System，TCS）、发动机阻力矩控制（Motor Control Slide Retainer，MSR）、电子差速锁系统（Electronic Differential System，EDS）、车载自动诊断系统（On-Board Diagnostic，OBD）、动态稳定控制系统（Dynamic Stability Control System，DSC）。

（6）车身控制（Body Control Module，BCM）：车窗升降（包括力传感，用于安全），天窗折叠、滑动，座椅升降调节，雨刮，除霜器等。

（7）空调、采暖、通风控制：压缩机、冷凝器、蒸发器风扇、膨胀阀等控制。

（8）电子开关和照明：大灯、尾灯、显示背光、加减速、电台、CD 等。

（9）电子主动巡航控制（Adaptive Cruise Control，ACC）。

（10）安全气囊自诊断和点爆控制。

（11）主动式安全带自诊断和点爆控制，回拉式安全带点爆控制。

（12）电动助力转向控制（Electric Power Steering，EPS），液压转向控制（Hydraulic Power Steering，HPS）。

（13）胎压控制（Tire Pressure Control，TPC）。

（14）汽车仪表。

（15）防盗报警。

（16）车尾高度平衡系统。

（17）智能传感器，即带 ECU 的传感器。

任务实施

依据图 1－9 讲解分析说明电控系统在汽车上的应用，讲出图中各数字对应电控元器件的名称，并叙述汽车电控系统各组成部分间的相互关系。

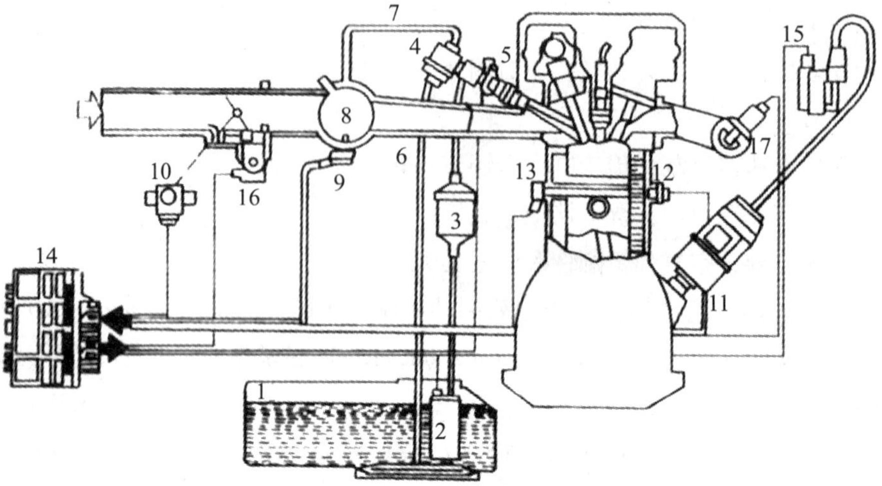

图 1-9　AFE 型发动机电控系统示意

任务小结及任务检验

任务小结

本任务内容主要讲述汽车发动机的电控发展应用与组成以及电控系统组成部分的功能和相互关系。尤其值得注意的是：汽车发动机电控系统的组成，各组成部分的功能以及各部分间的相辅相成、不可分割的关系。

目前电控技术在汽车上的应用领域越来越广泛，比如说目前出现的智能灯光控制系统、智能启动技术（语音启动）、指纹识别防盗系统等。这些新技术都要求我们必须在不断学习新知识的同时，也要牢牢地做好基础知识的巩固。

任务检验

选择题

1. 下列哪个工况不是采用开环控制的？(　　)

　A. 怠速运转时　　　　B. 发动机启动时

　C. 节气门全开或大负荷时　　　　D. 氧传感器起效应时

2. 以下哪个装置属于电控燃油喷射系统中的电子控制？(　　)

　A. 节气门位置传感器　　　　B. 汽油泵

　C. 节气门体　　　　D. 火花塞

3. 以下哪几项可以提高发动机的动力性、经济性？(　　)

　A. 电子燃油喷射系统　　　　B. 警告系统

　C. 进气控制系统　　　　D. 电控点火系统

4. 以下关于电控系统组成部分间相互关系的叙述正确的是（　　）。
   A. 当发动机运行时，由执行器将工作情况反馈给中央控制单元（ECU），ECU 又将该信息发送给传感器，由此往复交流构成了相辅相成的、不可分割的关系
   B. 电控发动机电控系统各组成部分间的逻辑关系应该是完全的一种闭环控制关系
   C. 该系统组成部分间的相互关系是由传感器接收到相应的信息并输送给 ECU，ECU 将传回的信息进行分析比较计算后发出命令给执行器，执行器按照所接收的命令进行工作
   D. 该系统组成部分间的关系是 ECU 将信号命令发送给传感器和执行器并让其工作
5. 以下关于传感器的说法正确的是（　　）。
   A. 接收信号并输送信号　　B. 仅将信号输送出去
   C. 采集信号并将信号传送给 ECU　　D. 仅接收信号
6. 以下关于执行器的说法正确的是（　　）。
   A. 接收信号并输送信号　　B. 仅将信号输送出去
   C. 采集信号并将信号传送给 ECU　　D. 仅接收信号
7. 下列选项中属于传感器的是（　　）。
   A. 火花塞　　B. 喷油器
   C. 空气流量计　　D. 油泵
8. 下列选项中属于执行器的是（　　）。
   A. 空气流量计　　B. 节气门位置传感器
   C. 氧传感器　　D. 怠速电磁阀

任务二

电控发动机检测设备仪器的认知与应用

任务背景介绍

在电控发动机维修作业过程中，万用表、解码仪等相关检测设备仪器被广泛应用，通过任务一的学习可以知道电控系统的控制对各电路的电压、电阻、电流的要求都非常高，所以才能保证汽车可以在所设计的要求中正常工作。

电控发动机检测设备仪器所具有的功能是：形象直观地告诉维修人员被测件的技术状况，能对被测件的各技术参数进行准确的检测，方便维修人员进行故障诊断与维修工作。

本任务针对电控发动维修作业中最常用到的检测设备仪器进行学习。

任务目标

1. 掌握万用表（以数字万用表为主）的使用方法和使用注意事项。
2. 了解万用表在车辆检测中的功用。
3. 掌握试电笔的应用。
4. 掌握解码仪（以金德 K81 为主）的使用方法和使用注意事项。
5. 了解示波器（金德 K81 系统中自带了示波器功能，故本任务以金德 K81 为学习资料）的使用方法和使用注意事项。
6. 掌握数据流的读取方法、数据流的分析方法，学会通过数据流的读取判断故障点。

子任务一　万用表的使用

任务导入

对实车空气流量计进行检测。

相关知识准备

一、万用表的用途

万用表（见图2－1）可以测量的物理量有电压、电阻、电流、温度、电容等，汽车维修专用万用表还可检测汽车发动机的转速。

一个万用表相当于电压表、欧姆表、电流表、温度计等检测仪的综合体。

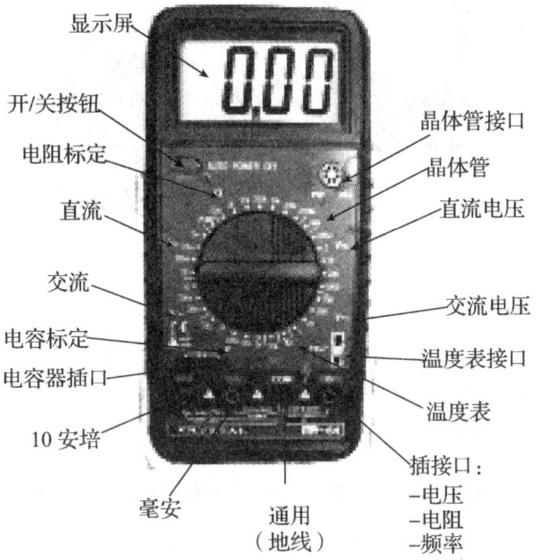

图2－1　万用表

二、电压的检测

电压检测如图2－2所示。电压在一个通用插脚和一个用电器插脚上测量。一个电压表总是以并联方式接入电路对被测电器电压进行测量。

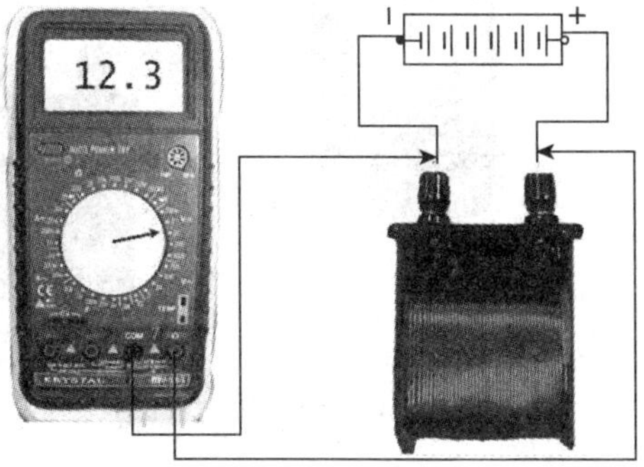

图2－2　电压检测

三、电阻的检测

电阻检测如图 2 - 3 所示。

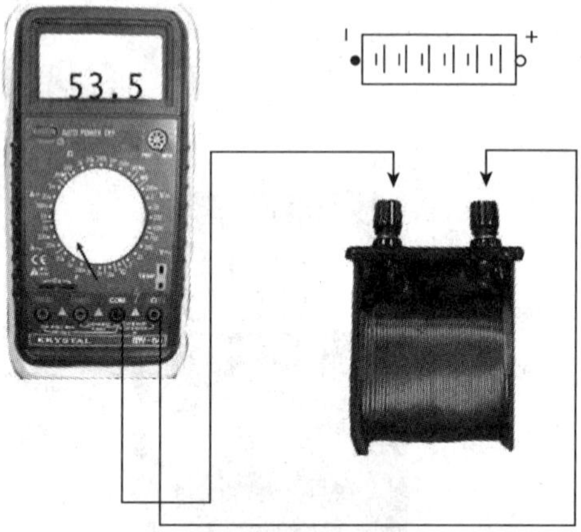

图 2 - 3　电阻检测

欧姆表可进行三种不同的检测：①电阻的测量（R = 特定值）；②线路接通测定（R = 0）；③绝缘情况的测量（$R = \infty$）。

温馨提示：欧姆表与一个用电器或一个导体串联，接电路时应在电源开路（断开）状态，绝对不能让欧姆表与电源（电流发生器）直接相连。

四、电流的检测

电流检测如图 2 - 4 所示。

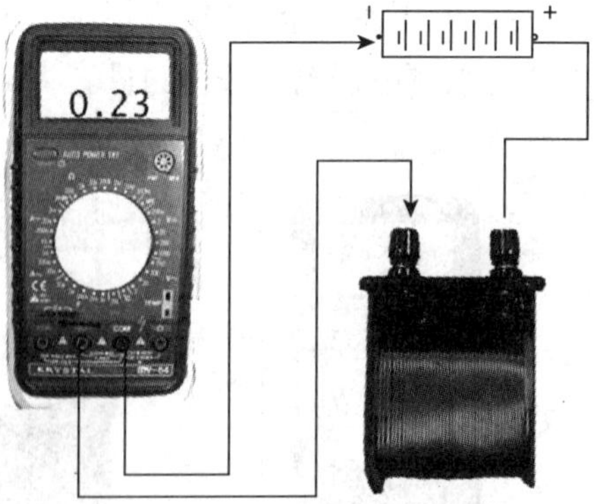

图 2 - 4　电流检测

温馨提示：电流表总是与被测件串联接在电路中。

五、结论

总之，在连接万用表之前，应先自问以下问题。

(1) 要进行什么测量？

(2) 线路的电源是直流还是交流？

(3) 所测物理量的量值是多少？如不知道先选最大值，测量中再做调整。

(4) 如何连接万用表？（电压并联、电阻开路串联、电流串联）

任务实施

对实车进行如下检测。

1. 检测卡罗拉轿车发动机空气流量传感器（见图 2－5）的各管脚间的电阻值，填入表 2－1。

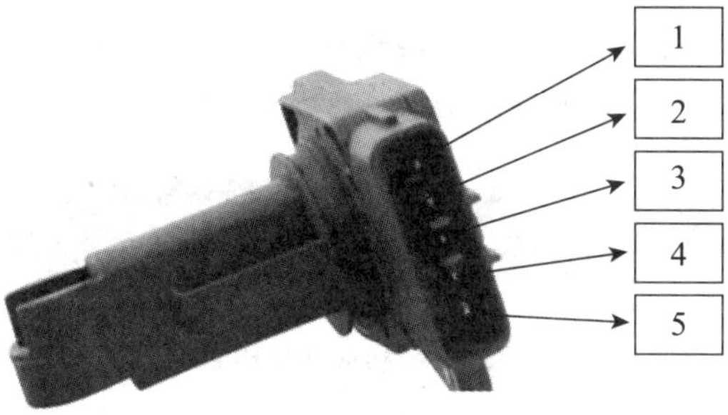

图 2－5　卡罗拉轿车发动机空气流量传感器

表 2－1　各管脚间电阻值

管脚号	1—2	1—3	1—4	1—5	2—3	2—4	2—5	3—4	3—5	4—5
电阻值										

2. 通过以上所测数值试绘制出该传感器的电路简图。

3. 检测卡罗拉轿车发动机空气流量传感器对应的插接器上各管脚间的供电电压值，填入表 2－2。

表 2－2　各管脚间供电电压值

管脚号	1—2	1—3	1—4	1—5	2—3	2—4	2—5	3—4	3—5	4—5
电压值										

子任务二　试电笔、跨接线的使用

任务导入

对实车点火器进行检测。

相关知识准备

一、试电笔的种类

试电笔也叫测电笔，简称电笔。它是一种电工工具，用来测试电线中是否带电。

（1）螺丝刀式试电笔（见图2－6）：形状如一字螺丝刀，可以兼试电笔和一字螺丝刀用。

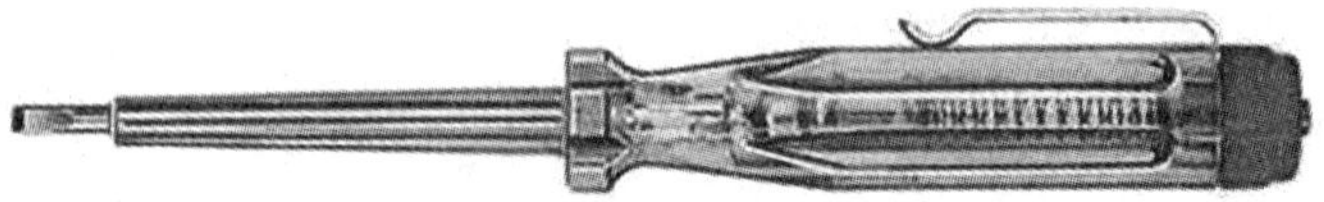

图2－6　螺丝刀式试电笔

（2）感应式试电笔（见图2－7）：可检查控制线、导体和插座上的电压或沿导线检查断路位置，采用感应式测试，无须物理接触，因此极大地保障了维修人员的人身安全。

图2－7　感应式试电笔

（3）数显试电笔如图2－8所示。

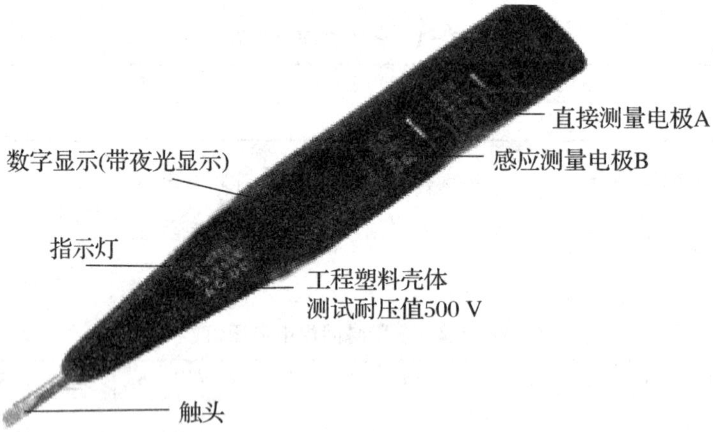

图2－8　数显试电笔

二、试电笔的功能

1．试电笔正常情况下为什么电不到人

试电笔不电人的原因是其有很高的内阻，当电源经试电笔—人体—大地形成回路时，电流小于1 mA，氖管能发光，人体没有感觉。氖管式的试电笔一般内部串联很大的电阻。使用试电笔时一定要注意它们的适用范围，不能超压使用，超压使用人体会触电。特别是高压情况下，超压使用就更危险。

2. 试电笔的基本结构

如图2－9所示，试电笔一般由笔尖（金属体）、电阻、氖管、笔筒（小窗）、弹簧和笔尾金属体组成。当试电笔测试带电体时，只要带电体、电笔和人体、大地构成通路，并且带电体与大地之间的电位差超过一定数值（如60 V），试电笔之中的氖管就会发光（不论其是交流还是直流），这就告诉人们，被测物体带电，并且超过了一定的电压强度。

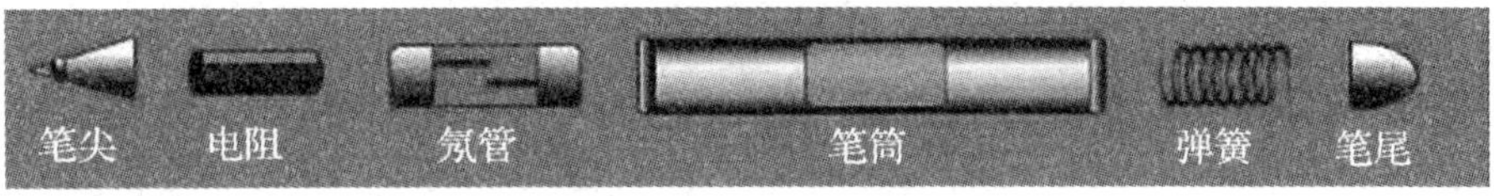

图2－9　试电笔结构

三、试电笔的使用注意事项

（1）使用试电笔之前，首先要检查试电笔的适用电压是否高于欲测试的带电体的电压、试电笔里有无安全电阻，再直观检查试电笔是否有损坏、有无受潮或进水、是否有破裂，检查合格后才能使用。

（2）使用试电笔时，绝不能用手触及试电笔前端的金属探头，否则会造成人身触电事故。（车辆检测过程中由于检测的对象是安全电压，所以不必担心有人身伤害。）

（3）使用试电笔时，一定要用手触及试电笔尾端的金属部分。否则，因带电体、试电笔、人体与大地没有形成回路，试电笔中的氖管不会发光。这会造成误判，以为带电体不带电，这是十分危险的。

（4）在测量电器设备是否带电之前，先要找一个已知电源试测，检查试电笔的氖管是否正常发光。能正常发光，才能使用。

（5）在明亮的光线下测试带电体时，应特别注意氖管是否真的发光（或不发光），必要时，可用另一只手遮挡光线仔细判别。千万不要造成误判，将氖管发光判为不发光，将有电误判为无电。

（6）一手接地，一手接触试电笔尾端的金属部分。针对能判别被测件电源正负极的试电笔来说，若氖管靠手的上半部分亮，则被验部分带正电，下半部分亮则被验部分带负电，上下都亮是交流电，上下都不亮是没电。

四、试电笔的使用

使用试电笔时，人手接触试电笔的部位一定是试电笔尾端的金属，而绝对不是试电笔尖端的金属探头。使用试电笔要使氖管小窗背光，以便看清它测出带电体带电时发出的红光。笔握好以后，一般用大拇指或食指触摸尾端金属，用笔尖去接触测试点，并同时观察氖管是否发光。如果试电笔氖管发光微弱，切不可就此断定带电体电压不够高，也许是试电笔或带电体测试点有污垢，也可能测试的是带电体的地线，这时必须擦干净试电笔或者重新选测试点。反复测试后，氖管仍然不亮或者微亮，才能最后确定测试体确实不带电或电压不够高。试电笔的使用方法极为重要，用错误的握笔方法去测试带电体，会造成触电事故，因此必须特别留心。

任务实施 对实车进行如下检测。

1. 在实训轿车上使用试电笔检测保险盒中各保险的好坏。
2. 利用所学试电笔知识，自制简易试灯，并做车辆中保险丝的检测工作。

五、跨接线的样式

跨接线实际上就是一截导线（电线），粗细各异。

六、跨接线的功能

短接两根电线端头使其连通，达到检测目的。如：某电源线路无电源电压，可利用跨接线将电源连接至无电源电压的线端处提供电源，以检测供电后发动机是否能够正常工作，或其他用电设备是否能够正常工作。

七、跨接线的使用注意事项

(1) 跨接线选择时要注意被跨接线的粗细，应该选择与被测件的导线粗细相当的导线作为跨接线。

(2) 跨接线在进行连接时一定要特别注意，不得使正负极短接。

(3) 跨接线在进行跨接前，一定要先验明被测件是否受到电脑板的控制，如受电脑板控制，则尤其要注意，此跨接是否会对电脑板造成损害。一般如果应有电的电瓶电压的线端无电，可以采用将电瓶电压跨接至该无电的线端上的方式进行跨接测试；如是5 V参考电压，则不允许采用将电瓶电压跨接在5 V线端上的方式进行跨接作业。

(4) 跨接线的两端要求裸露导体必须整齐，不得有任何毛刺，以防与不该跨接的线路跨接而损坏其他用电器部件。

八、跨接线的使用

用跨接线检测汽车故障，实际就是故障分段排除法。

把功能不正常的用电设备，另用一根或两根导线连接到电瓶，用以确定用电设备是否损坏；再分别将导线跨接到不同位置，例如保险、开关、继电器等处，分析找出故障点。

有时候用导线跨接在怀疑的组件上，以此来分析排除故障。此方法对于寻找接触不良故障比较实用，但是要分清导线颜色，防止造成混线。最好是用万用表测试配合分析，以便有更高的成功率。

任务实施

对实车进行：使用跨接线对发动机进行启动作业。

子任务三　解码仪及正时枪的使用

任务导入

对实车故障码进行读取。

相关知识准备

一、解码仪的认知

随着汽车工业的飞速发展，应用于汽车上的发动机电控系统、电控自动变速箱、防抱死制动系统（ABS）、安全气囊（SRS）、电子悬挂、巡航控制等相关电子控制系统也越来越多，从常见的捷达、桑塔纳、富康等组装车到奔驰、宝马、丰田、日产等进口车，都采用了或多或少的电子控制设备，所以维修行业的故障检修方法也已由人工经验诊断发展到靠相应的设备仪器来进行诊断。尤其是某些进口高档车的电子控制系统，只有靠检测设备仪器才能进行诊断，而众多的设备仪器当中使用最为普遍的是电控系统检测仪，习惯上称为解码仪（见图2－10）。

图2－10　解码仪

1. 解码仪的使用说明

解码仪最基本的功能是读取和清除电控系统故障码，而目前的解码仪功能不止这些，一般还能够读取系统传感器与执行器的静态或动态数据流，具有部分执行器的动作测试功能，有的带有示波器显示功能、万用表功能和打印功能，有的带有系统控制电路图和维修指南以供参考，有的可以通过专用数据线和个人计算机相连进行资料的更新与升级，有些功能强大的原厂解码仪还能对车上电控单元系统进行某些资料的重新输入和更改等。但无论解码仪具有什么功能，关键在于如何利用其各项功能来为维修提供快捷的帮助。现在很多中小型修理厂都没有解码仪，即使有也只是用来读取或清除故障码，很少用到它的其他功能。

解码仪的使用说明如图 2－11 所示。

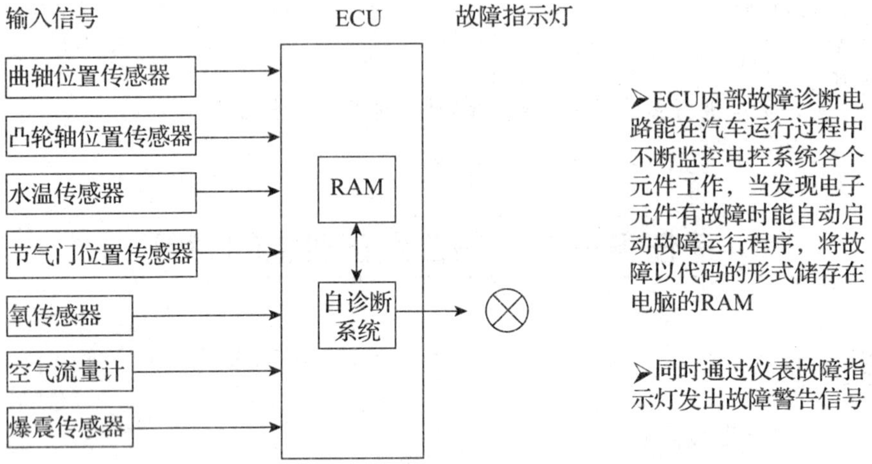

图 2－11　解码议的使用说明

2．解码仪的使用注意事项

有的解码仪对故障码（Diaghostic Trouble Code，DTC）有比较详细的说明（见图 2－12），比如是历史性故障码还是当前故障码，故障码出现的次数。历史性故障码就表示故障较早之前出现过，现在不出现了，但在 ECU 里有存储记忆。而当前故障码则表示最近出现的故障码，并通过出现的次数来确定此故障码是否经常出现，当前故障码绝大多数和目前出现的系统故障有很大的关系。

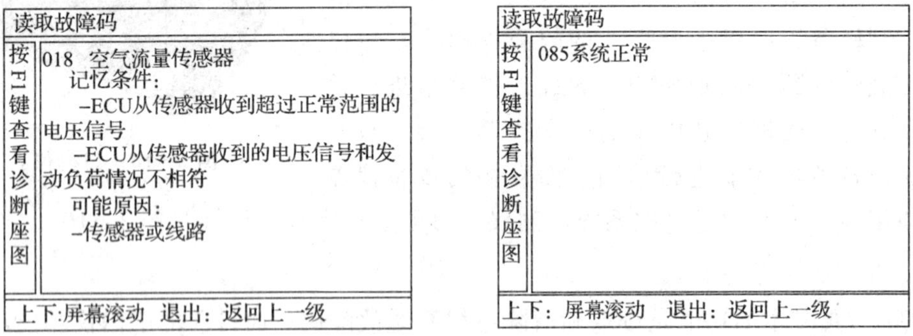

图 2－12　故障码说明

1）故障码（DTC）的意义

要注意的是对故障码的定义说明，是传感器或执行器自身故障（信号不正常等）还是线路故障，线路故障要分清是短路还是断路，是短路或断路到电源，还是短路或断路到地等。只有清楚故障码的定义说明，才能更好地利用故障码排除故障，维修起来也可以少走弯路。

2）故障码（DTC）的清除

根据故障码排除故障后，要利用解码仪来清除故障码，也就是从 ECU 内部记忆中清除故障码记忆，并在发动机运转一段时间后（有些情况下需要路试，且有些车必须是待故障排除完后通过点火开关来清除故障码，即关闭点火开关 10 s 以上），再用解码仪来检测是否还存在故障码。

3）传感器和执行器的数据流分析

相当部分的解码仪都具有一定的数据流提供功能（见图 2－13）。所谓数据流，简单来说就是将电控系统的一些主要传感器和执行器的目前工作数据提供给维修者作为参考。维修实践中可以通过读取数据流来分析发现故障所在，特别是当电控系统无故障码时，此时数据流分析就更显重要了。其实每个传感器和执行器在一定条件下的工作数据是有一定标准范围的，我们可以通过实际值与标准值的比较来判断某一传感器和执行器是否存在异常。

读取数据流		
按F1键查看诊断座图	曲轴参考转速(rpm)- - -	737
	空气流量(V)- - - - - - -	1.120
	冷却水温(度)- - - - - - -	87
	氧传感器(V)- - - - - - -	0.45
	车速(km/h)- - - - - - - -	0
	电瓶电压(V)- - - - - - -	13.600
	节气门位置传感器(V)- -	0.42
	排气温度传感器(V)- - -	5.00
	怠速开关- - - - - - - - -	接通
	启动信号- - - - - - - - -	关闭
	P/N位置信号- - - - - - -	接通
上下：屏幕滚动　退出：返回上一级		

图 2－13　数据流

例如：一台日产风度 VQ20DE 发动机出现着车后怠速不稳的故障，我们可以通过读取此时发动机的数据流的相关参数来判断故障原因，比如：空气流量传感器电压是否在 1.0～1.7 V；水温是否达到 85 ℃以上；节气门位置传感器电压是否在 0.35～0.65 V，其怠速接点是否处于 ON 的位置；喷油器脉宽是否在 2.4～3.2 ms；点火提前角是否在 15°左右；怠速电机是否运作在 2～10 步幅；等等。若在以上数据流中发现某项数据不合标准，可能就是造成故障的原因。如果解码仪具有打印功能，还可以将以上各项数据打印出来。

在此需要提出的是，每种车系的传感器和执行器的标准数据是不尽相同的，要查找正确的相关数据来进行分析比较，如果没有，可以用解码仪在另外一台系统正常的同款车上读取数据后进行分析。

解码仪使用方便，数据可靠准确，可直接与汽车电脑交流信息，解码仪还具备一些强大的诊断功能，如行车数据记录、匹配钥匙、基本设定等。不过解码仪需要定期升级，维护费用高；在检查机械部分的故障时，解码仪就只能“袖手旁观”了；当汽车无法与解码仪交流信息时，解码仪也只能“望洋兴叹”；并且解码仪也有时出现显示错误信息的状态，另外有时出现的故障码不易被理解或易被误解，这些都是现阶段解码仪的不足之处。

3. 解码仪的使用

解码仪与汽车电控单元的连接通信如图 2－14 所示。

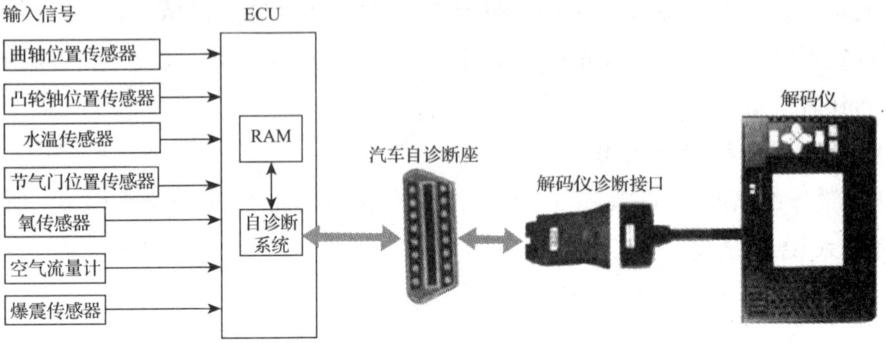

图 2－14　解码仪与汽车电控单元的连接通信

解码仪是能与汽车电脑直接进行信息交流的故障诊断仪。解码仪通过汽车电脑的自诊断座，在一定协议支持下与汽车电脑进行互相通信，交流各种信息，从而获得电脑工作的重要参数。

诊断座（见图 2－15）是现代电控汽车上用来诊断故障的接口，诊断座的端子直接与汽车电脑相连。各车型诊断座接口形状、安装位置不尽相同，使得解码仪的诊断接口也各不相同，目前最常用的诊断接口为 OBD。

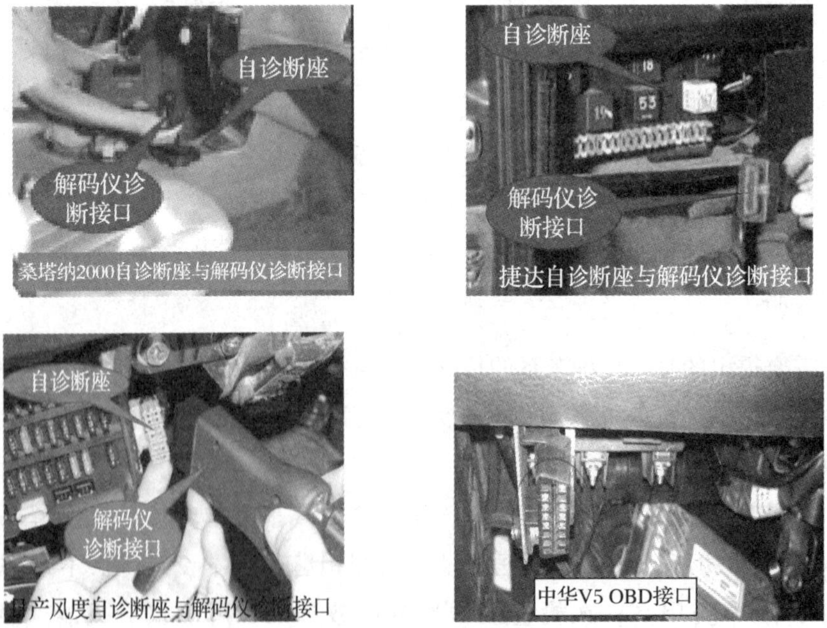

图 2－15　诊断座

其实解码仪的使用总结为一句话就是：根据维修者需要，进入与被检测车辆对应的选项中，按显示屏提示或维修者需要进行按键操作，就可完成检测工作。具体各功能的使用参看对应的使用说明书最为直接和有效。

由于不同款的解码仪具有不尽相同的功能，加上其他条件的限制，也极少有修理厂能够拥有检测所有车系的解码仪，所以作为一名维修技术人员要全面掌握所有解码仪的使用必须要掌握好方法。在有效方法下，竭力发挥解码仪所具备的各项功能，使这些高科技能够真正利用起来，从而推动我们的维修水平不断进步，使自己成为一个掌握现代维修技术的合格维修人员。

任务实施

对实车进行：针对卡罗拉轿车出现发动机转速只能加到3 000 r/min，且在3 000 r/min时伴随着2 800～3 000 r/min 快速游车现象，进行故障码的读取与数据流的读取，掌握解码仪使用方法和使用注意事项，完成以下工作。

1. 故障码的读取

利用解码仪 KT600，读取实训轿车卡罗拉 AT1.6 发动机的故障码，填入表2－3。

表2－3　卡罗拉 AT1.6 发动机的故障码

故障代码		发动机温度		发动机怠速转速	
车辆其余用电设备有无开启		节气门开度		空气流量	
故障代码含义					
对发动机该进行怎样的检修					

2. 数据流的读取

利用解码仪 KT600，读取实训轿车卡罗拉 AT1.6 发动机的数据流，完成以下工作。

启动发动机读取数据流，填入表2－4（以下数据填写均为 2 min 内的变化范围及变化情况）。

表2－4　卡罗拉 AT1.6 发动机启动数据流

检测项	数据记录	数据分析
发动机温度		
怠速开关状态		
进气量		

续表

检测项	数据记录	数据分析
喷油量		
点火提前角		

发动机运行在2 000 ~ 2 500 r/min时读取数据流，填入表2-5。

表2-5 发动机运行时数据流

检测项	数据记录	数据分析
节气门开度变化		
怠速开关状态		
进气量		
喷油量		
点火提前角		

二、正时枪的使用

任务导入

对实车点火正时进行检测。

相关知识准备

正时枪（见图2-16）是检验汽车汽油发动机点火正时是否正常的有效仪器之一，是一种由点火高压线跳火信号控制的检测工具。它的作用是检验汽车点火是否正时及检查点火高压线工作是否正常。

在使用正时枪（见图2-17）时，将磁感应线夹夹在一缸的高压线上，打开钥匙，启动发动机，扣动手柄开关，即可看枪头高亮灯闪动（见图2-18）。把枪头对准曲轴前皮带轮正时刻盘记号，若发动机正时准确，那么曲轴带轮刻度记号应与发动机壳体上正时记号对正（用正时灯照射时可用肉眼看到曲轴带轮或飞轮上的正时记号）。若某根高压线瞬间断火或不跳火，用正时枪也可测出。

图2-16 正时枪

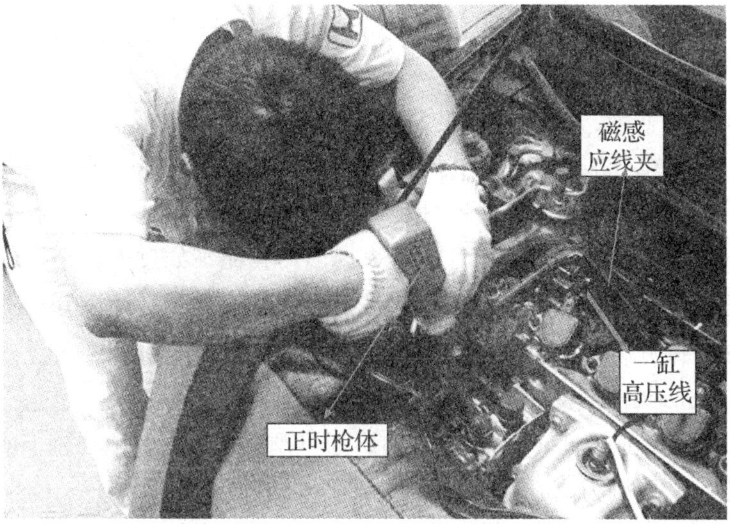

图 2-17　正时枪使用方式

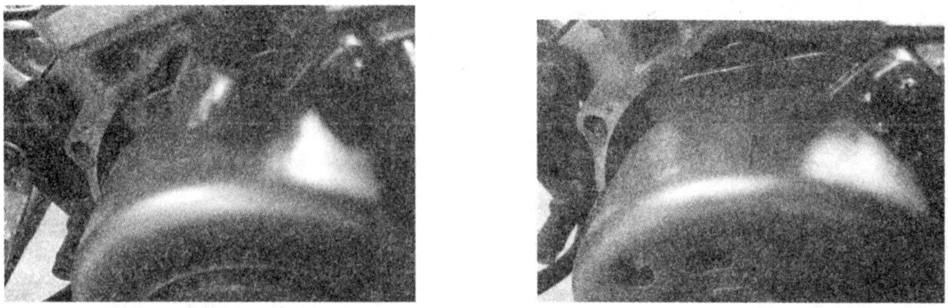

图 2-18　使用正时枪

1. 正时枪的使用注意事项

使用正时枪时，尤其要注意的是：连接的线束要远离旋转件，以防止被卷入旋转件中损坏设备仪器；在调整点火正时过程中所测得的点火提前角的早晚；发动机不能启动运行时，正时枪不能检查发动机的正时是否准确。

2. 正时枪的使用

1）对实训车桑塔纳进行检测

发动机检测前做以下准备。

（1）启动发动机，使发动机水温达到正常工作温度（80～90 ℃）。

（2）拔下分电器上真空管。

（3）用转速表检测发动机怠速转速（点火正时枪不带转速表），使怠速转速符合规定标准怠速运转（850+50）r/min。

2）操作步骤（示范）

（1）点火正时枪的连接。

将点火正时枪连接到发动机上，即点火正时枪的电源线中红线夹蓄电池正极（+），黑线夹蓄电池负极（-），然后将点火正时枪磁感应线夹夹在一缸高压线上，拔下真空管提前装置的真空软管。

（2）检查点火正时。

扣动点火正时枪开关，将点火正时枪对准所测发动机飞轮壳的检测孔，通过调整点火正时调整旋钮，使发动机飞轮正时标记与飞轮壳体对准。这时通过点火正时枪屏幕读出发动机实际点火提前角，与规定标准点火提前角相比，如过大，则点火过早，反之则过迟，并通过转动分电器将点火提前角调整至规定范围。顺时针拨分电器外壳，点火时间推迟；逆时针拨分电器外壳，点火时间提早。

（3）检查离心提前角度和真空提前角度。

①提高发动机转速至 2 300 r/min 左右，通过观察点火正时枪屏幕上的实际点火提前角，如为 14°~18°，则为离心点火提前调节装置工作良好。

②将真空提前装置的真空软管接上，提高发动机转速至 2 300 r/min 左右，通过观察点火正时枪屏幕上的实际点火提前角，当转速逐步增大时，点火提前角也增大，从而判断真空提前机构有无故障。

（4）检测完毕后，应将点火正时枪拆下，拆下时注意应先拆下与蓄电池负极连接的黑色导线。

任务实施

对实车进行：针对桑塔纳选三进行正时的检验，将数据填入表 2－6。

表 2－6　桑塔纳选三正时检验

	高怠速	低怠速	中速（2 300 r/min 左右）
发动机点火正时			
发动机温度			

子任务四　燃油压力测试仪的使用

任务导入

对实车进行燃油压力的检测。

相关知识准备

一、燃油压力检测仪的使用说明（以汽油机为主）

燃油压力检测仪可以准确地判断出供油系统的燃油压力是否符合标准值要求，它是发动机综合诊断中最基本的测试设备（见图2－19）。

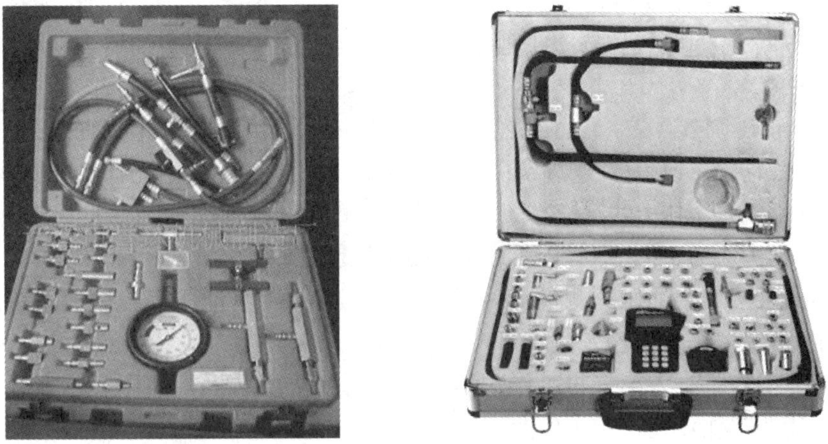

图2－19 燃油压力检测仪

常见汽油机燃油压力值见表2－7。

表2－7 常见汽油机燃油压力值 kPa

燃油压力表量程		电控燃油喷射发动机燃油系统压力	
普通式	专用式	单点喷射系统	多点喷射系统
7～103	7～103	62～69	207～275

二、燃油压力检测仪的使用注意事项

（1）检查和维修燃油系统前，将电缆从蓄电池负极端子上断开，管路连接完成后再将负极端子可靠连接。

（2）对燃油系统进行操作时，严禁吸烟或靠近明火。

（3）避免橡胶或皮制零件接触汽油。

三、燃油压力检测仪的使用

（1）安装油压表：安装油压表（见图2－20）时，先将燃油系统卸压，即将燃油泵保险丝或燃油泵继电器拔下，然后启动发动机，待发动机自行熄火后，再启动一次，即可释放燃油压力。关闭点火开关，装上先前拔下的保险丝或继电器。将燃油压力表用三通接头一起安装在燃油系统的输油管路中。

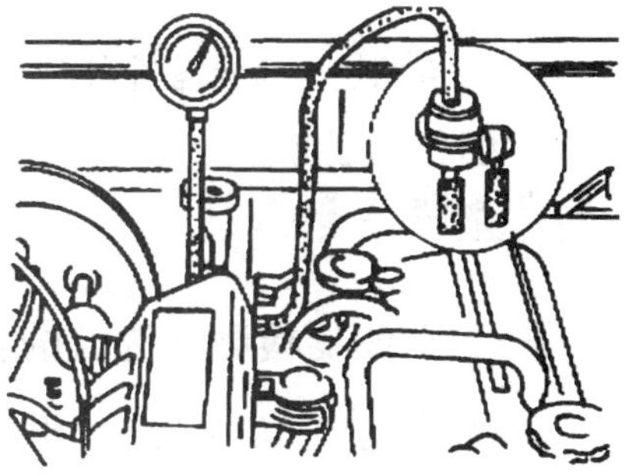

图2－20 安装油压表

（2）燃油系统初始油压的测量：打开点火开关，油压表指针开始偏转，初始油压正常值为300 kPa左右，测量初始油压结束5min后，观察油压表指示的燃油系统保持压力，应不低于

147 kPa。

(3) 发动机工作时燃油压力的测量：启动发动机怠速运转，观察油压表指示的燃油系统压力应不低于 250 kPa；踩下加速踏板，在节气门全开时观察油压表指示的油压值，应不低于 300 kPa。

(4) 拔下油压调节器真空管后的燃油压力测量：拔下油压调节器上的真空管，用手堵住真空软管，让发动机怠速运转，观察油压表指示值，此时应和节气门全开时油压基本相同。

(5) 燃油系统最大压力的测量：将燃油系统回油管路折起阻止回油，此时观察燃油压力表指示值，该压力应为 450 ~ 550 kPa。**注：时间不可超过 5 s。**

(6) 燃油系统残余油压的测量：关闭发动机，此时观察油压表，燃油系统的残余油压应不低于 150 kPa，且能稳定近 1 min 而不下降。

(7) 恢复工作：进入第一步工作，泄压完毕后，按要求拆下油压表，安装好发动机燃油管路，清洁工作场地，结束作业。

任务实施

对实车进行：完成雷克萨斯 400 实训台架燃油压力的检测，完成工作单（见表2-8）。

表 2-8　雷克萨斯 400 实训台架燃油压力检测

检测子任务	点火开关打开后系统所建立的油压	启动发动机时系统油压的变化情况	怠速时的系统油压（高低怠速均记录）	转速在 2 500 r/min 时的油压
油压值				
发动机熄火后的时间		5 min	10 min	15 min
系统的油压保持情况				

子任务五　喷油器检测清洗仪的使用（以汽油机为主）

任务导入

对汽油机燃油喷油器进行检测。

相关知识准备

一、喷油器检测清洗仪的种类和功能

车辆尤其是目前被广泛应用的双燃料汽车，经过长时间行驶，由于气候及环境变化、油料、引擎设计及驾驶习惯，在喷油器及进气阀等进气系统处易造成油料局部高温

氧化，使喷油嘴积炭。据国外的经验及文献报告显示，新车大约驾驶14 000 km后，这些积炭会降低行驶性能，增加排气污染、油耗，并出现冷车启动不良、怠速抖动现象。故一般建议车主行驶 20 000 km 清洗一次喷油器。喷油器检测清洗仪如图2－21所示。

1. 喷油器检测清洗设备种类

喷油器检测清洗设备分为免拆清洗设备和可拆检测清洗设备。

2. 喷油器检测清洗仪的功能

（1）超声波清洗功能：可同时对多个喷油器进行超声波清洗，能彻底清除喷油器上的外部积炭。

（2）均匀性、雾化性检测功能：检测各个喷油器喷油量的均匀性，同时可利用背景灯（见图 2－22）全面仔细地观察喷油器的喷射雾化情况，还能对喷油器进行反向冲洗。

图 2－21　喷油器检测清洗仪

图 2－22　背景灯

（3）密封性测试功能：可检测喷油器在系统压力下的密封性和滴漏情况（1 min 内最多允许滴漏 1 滴）。

（4）喷油量检测功能：可以检测喷油器在 15 s 常喷情况下的喷油量。

（5）自动清洗检测功能：在特定的工况参数下，真实模拟喷油器在各种工况下的测试。

（6）免拆清洗功能：发动机供油系统经过一段时间的使用后，由于空气中的尘埃和汽油中的杂质等会使油路不畅或堵塞，加上燃烧过程中产生的积炭和胶质附着在喷油器、进排气门、进排气道、节气门和燃烧室上，因此必须及时清洗发动机供油系统、燃烧室和喷油器。免拆清洗是一种省工省时的解决办法。

二、喷油器检测清洗仪的使用注意事项

（1）在超声波清洗槽内未加超声波清洗剂的情况下，严禁打开超声波清洗系统，否则易损坏超声波设备。

（2）测量杯为石英玻璃杯，易破碎，故在机器周围不要放置其他物品，以免磕碰造成测量杯破碎。

（3）拆卸管路，应等实时油压显示为“0”后进行。

（4）为使停机后管路能快速泄压，溢流阀在出厂时已调整好，一般情况下不要调整该阀，以免影响系统油压。若发现停机后油压在1min内难以归零或油压不能达到0.6 MPa，要使用内六角扳手将阀芯分别沿逆时针和顺时针转动一定角度，并进一步检查。

（5）不使用频闪灯时，要将插座盖装好，以免因插座内进入金属物引起短路，损坏设备。

（6）仪器使用完毕后，应盖上防尘罩，防止灰尘杂物掉入测量杯内，避免排油电磁阀堵塞。

三、喷油器检测清洗仪的使用方式

1．清洗前的准备工作

将喷油器从车上卸下，并仔细查看喷油器的橡胶密封圈是否损坏，以免测试时发生泄漏。再将喷油器放入汽油或清洗剂中，仔细清除外部油垢后擦拭干净；检查并添加检测液，从主机侧面的加油口向油箱内加注，观察侧面的液位管，一般加注油箱容量的1/2即可；按下主机右侧的电源开关和背景灯开关；在超声波清洗槽内加入适量清洗剂或专用超声波清洗剂，要漫过喷油器喷嘴针阀；选出相应的喷油器连接偶件。

2．超声波清洗

超声波清洗是利用超声波在介质中传播时产生的穿透性和空化冲击波，将带有复杂外形、内腔和细孔的物质进行强力清洗来彻底清除喷油器上的顽固积炭；接通超声波清洗机电源，把外部清洗干净的喷油器放在清洗槽内，加入适量的清洗剂，一般清洗剂漫过喷油器喷嘴针阀20 mm左右即可，将喷油器脉冲信号线分别与喷油器连接好，打开超声波电源开关，在控制面板中选择超声波清洗功能，然后设定时间；此项工作结束后，系统自动停止，此时可关闭超声波电源开关，从清洗槽内拿出喷油器，并擦拭干净。

3．均匀性、雾化性检测

均匀性检测是检测同一辆车上的喷油器在相同的工况下，各喷油器喷油量之间的差值是否在规定误差范围内（一般要求各喷油器喷油量差值不超过2%）。雾化性检查是喷油器在一定的工况下工作时，通过观测喷油器的喷射状况和雾化情况来检测喷油器的雾化性能好坏。

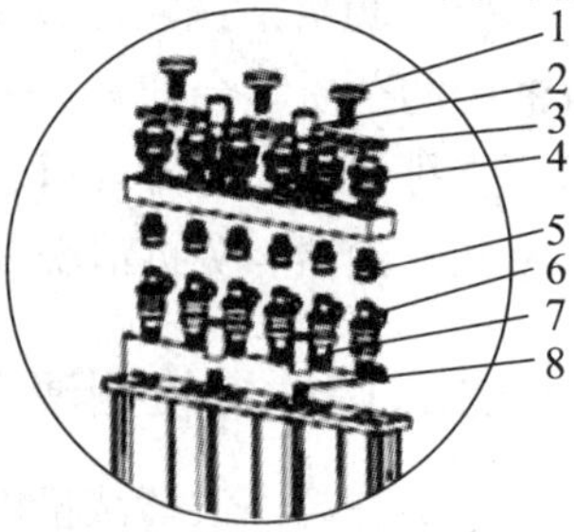

图2－23　喷油器检测清洗仪结构

1—压板螺钉；2—滚花螺杆；3—月牙形压板；4—分油器堵塞；5—直排油接头；6—供油喷油嘴；7—滚花螺母；8—调节螺杆

四、喷油器检测清洗仪的使用操作步骤

喷油器检测清洗仪结构如图2－23所示。

（1）从配件盒中选出分油器堵塞，选择配套的“O”形圈装在堵塞上，并涂以少许润滑脂，将堵塞装入分油器。

（2）装好月牙形压板，拧紧压板螺钉。

（3）根据喷油器连接类型，选择合适的直排油接头安装于分油器下方对应的偶件处。

（4）正向安装喷油器（在喷油器的“O”形圈上涂少许润滑脂）。

（5）依据喷油器的高度，选择合适的调节螺杆与滚花螺母安装于分油器支架上。然后将分油器及喷油器安装在分油器支架上，均匀紧固好两个滚花螺杆。

（6）插好喷油器脉冲信号线。

（7）如果测试量杯中有检测液，按“排油”键排净。

（8）在控制面板中选择均匀性、雾化性检测，设定相应的工况参数，按“运行”键即可。

（9）检测完毕，系统自动停止。

五、免拆清洗仪使用方法与步骤

免拆清洗仪安装示意如2－24所示。

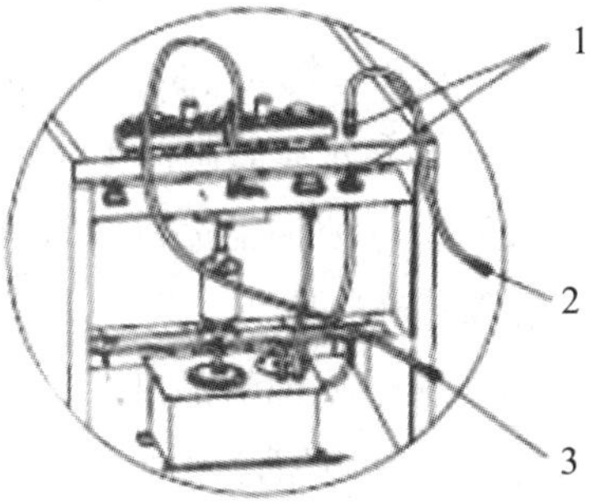

图2－24　免拆清洗仪安装示意

1—回油管快速接头；2—接发动机回油管；3—接发动机进油管

（1）在免拆清洗前查看油箱内是检测液还是清洗剂，若是检测液需将其更换为清洗剂。

（2）将喷油器清洗剂与燃油以一定配比加入清洗机油箱（具体配比参考清洗剂说明书）。混合液（清洗剂与燃油的混合物）的参考量见表2－9。

表2－9　混合液的参考量　　mL

发动机缸数	四缸发动机	六缸发动机
加注量	800～1 000	约1 500

（3）找到汽车供油系统的输油管和回油管，并分别断开。

（4）把原车进油管和回油管拆下，并打开油箱盖，或在不影响其他系统工作的情况下拔下油泵保险丝。

（5）将连接分油器的快速油管断开。

（6）将免拆清洗进油管快速接头一端接入主机出油管，另一端选择相应的连接头接在汽车发动机燃油系统的输油管上。按“运行”键运行2～3 min后停止，将检测液从油箱排出，并将排出的液体按报废液处理。

（7）将汽车发动机燃油系统的回油管通过相应的转接头接入免拆清洗回油管，将回油管的另一端快速接头插入主机顶部回油快速接头。

（8）在控制面板上选择免拆清洗功能，设定时间，按“运行”键，然后启动发动机进行清洗。

(9) 在任何时候均可按“停止”键停止清洗。

(10) 免拆清洗完毕后，用检测液对油箱和管路进行清洗。恢复拆卸部件，清洁场地。

注意：① 清洗剂为易燃品，清洗时注意安全，至少准备一个有效灭火器；② 进行清洗前必须确认所有的管路已连接好，无泄漏。

六、共轨喷油器油量检测仪使用说明（柴油机）

1. 举例说明

以 YB690 型共轨喷油器油量检测仪（见图 2－25）为例讲解使用方法。

(1) 将共轨喷油器直接（或装入夹持器）连接至普通手压式校验器的高压油管。

(2) 根据喷油器品牌，选择相应的插头，将线束与喷油器正确连接。

(3) 根据喷油器品牌，选择对应的驱动模式，调整脉宽、频率旋钮，此时能听到喷油器电磁阀吸起衔铁的“啪啪”声。

(4) 通过不断下压校验器杠杆，提供合适的喷射压力，一般压力值取 30～40 MPa 最佳。此时可观察喷油器雾化性能。

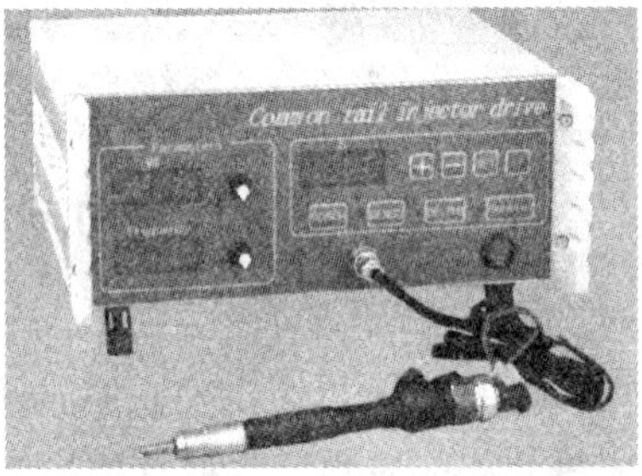

图 2－25　YB690 型共轨喷油器油量检测仪

2. 维护保养及注意事项

(1) 为保证仪表使用寿命，该仪表不宜在阳光直射下使用，放置地点应较平整，严禁摔、碰。

(2) 不宜在粉尘及振动严重的地方使用，避免在潮湿环境中使用。

(3) 严禁使用强溶剂（如苯、硝基类油）清洗机壳。

(4) 仪表对外接口需严格按使用说明书中所标注的方法使用。

对实物喷油器进行：完成桑塔纳选三喷油器的检测清洗工作，完成工作单（见表 2－10）。

表 2－10　桑塔纳选三喷油器的检测清洗

检测子任务	喷油器的电阻值	喷油器的控制电压	喷油器的喷油状况（伞状、雾状、直线喷射状、流动出油状、滴油状等）	喷油器有无滴漏
一缸				
二缸				
三缸				
四缸				

子任务六　发动机综合分析仪的使用

任务导入

对实车进行发动机综合性能的检测。

相关知识准备

一、发动机综合分析仪概述

发动机综合性能检测与发动机台架试验不同，后者是将发动机拆离汽车，以检测与发动机的输出功率对功率、扭矩、油耗和排放等最终性能指标进行定量测定；而发动机综合性能检测装置主要在检测线上或汽车调试站内就车对发动机各系统的各种工作状态参数进行分析，为发动机技术状态判断和故障诊断提供科学依据。发动机综合分析仪如图 2－26 所示。有专家系统的发动机综合分析仪具有故障自动判断功能，有排气分析选件的综合分析仪能测定汽车排放指标。

图 2－26　发动机综合分析仪

二、基本功能

（1）检测点火系统：初级与次级点火波形的收集与处理，平列波、并列波与重叠波和重叠角的处理与显示，断电器闭合角和开启角，点火提前角的测定等。

（2）机械和电控喷油过程各参数（压力、波形、喷油、脉宽、喷油提前角等）的测定。

（3）进气歧管真空度波形测定与分析。

（4）各缸工作均匀性测定。

（5）启动过程参数（电压、电流、转速）测定。

（6）各缸压缩压力判断。

（7）电控供油系统各传感器的参数测定。

（8）万用表功能。

（9）排气分析功能。

发动机综合分析仪是所有汽车检测设备中功能最多、检测子任务和涉及系统最广的装置，因此它的结构较复杂，技术含量也较高。随着电子技术在汽车领域的飞速发展，原始的电子燃料注入（Electronic Fuel Injection，EFI）控制功能延伸到汽车底盘和传动系的电子系统，成为控制面更广的电子管理系统（Electronic Management System，EMS），现代发动机综合分析仪的功能已超越了发动机范畴，增加了防抱死制动系统（ABS）和驱动（轮）防滑系统（Acceleration Skid Response，ASR）等底盘系统的测试功能。因此，应加倍关注发动机综合分析仪的管理和操作人员在使用及保养方面的培训。

区别于解码仪和一般发动机单项性能的检测仪，发动机综合性能检测仪具有三项特点。

（1）动态的测试功能，它的传感系统和信号收集与记忆功能，能迅速准确地捕获发动机各瞬变参数的时间函数曲线，这些动态参数是对发动机进行有效判断的科学依据。

（2）通用性测试过程不依据被检车辆的数据卡（即测试软件），只针对基本结构、各系统的形式和工作原理进行测试，因此检测结果具有良好的普遍性，检测方法也具有最广泛的通用性。

（3）主动性发动机综合检测仪不仅能适时收集发动机的动态参数，还能主动地发出指令改变发动机的工作状态，以完成某些特定的试验程序，如断缸试验等。

三、发动机综合分析仪的检测应用

1. 操作实例

用 WFJ－1 型发动机综合分析仪检测时，需要安装转速传感器、白金信号黑红鱼夹。调整化油器上的节气门调整螺钉，将发动机的转速稳定在 1 200 r/min，键入操作码“14”，仪器会自动控制逐缸断火。同时，屏幕上可以通过点火平列波形显示逐缸断火的过程。当某一缸断火时，人耳听到的发动机声音变化与打印出来的检测结果一致。单缸断火时，四程发动机转速下降值一般应在规定的范围内，且各缸转速下降值相差不应超过 25%。

除了可以使用 WFJ－1 型发动机综合分析仪检测单缸动力，凡是能够测量发动机转速的仪器，都可以用来进行这个子任务的检测。有些仪器不能自动逐缸断火，仍需要人工将各缸的高压线拔下断火，只是用转速下降值代替了人依据声音的变化进行诊断。

汽车使用说明书一般都标明发动机的额定功率、额定转矩和最低燃料消耗率，若在电力测功器或水力测功器上，节气门全开的情况下，对发动机的曲轴施加一定荷载，在转速稳定时测出这三项指标的数值，这种测功方法属于稳态测功。

汽车使用和维修部门通常使用动态测功的方法，即发动机在节气门开度和转速均为变动的情况下测定其功率，并且不给发动机施加外部荷载，发动机只以它自身运动部件的惯性力矩为负载，因此又称为无外载测功。

稳态测功的精度高，但使用设备的价格高，操作复杂，需要将发动机从汽车上拆下来，不适于不解体检测。无外载测功正好相反，它无须专门的试验台架，就车测试，设备简单，操作方便。但后者精度较差，对于大多数车型无法直接测出功率。

无外载测功的仪器按测功原理可分为两类，一类是用测定加速时间的方法测定平均功率，另一类是用测定瞬时角加速度的方法测定瞬时功率。

2. 测试方法

为了提高无外载测功器的测试精度，必须从操作方法和被测车辆的准备工作着手，首先加速踏板踏下的速度和力度要均匀，且要求重复性良好，为此该项测试必须由经过专门训练的专职人员操作。为避免操作上的主观误差，需取三次测试结果的平均值。

被测车辆与加速能力有关的部件必须处于正确技术状态，尤其是供油系统的踏板拉线和油门摇臂等部件的间隙，对发动机的加速过程影响极大，在测试前必须设法消除上述各连接处的不当间隙与松紧度，但不允许调整原车化油器的加速泵位置和柴油机的调整机构。

新型或初次试验的车型必须经过大量试验值与出厂指标和台架试验值对比后，形成一个具有代表性的统计值作为该车型的惯性数 K 值。

惯性数 K 值的确定，对无外载测功至关重要，K 值的内涵已完全超出发动机的转动惯量。仪器生产厂家提供的某些车型的 K 值多为发动机台架试验的总功率试验状态，即不带空气滤清器、冷却风扇和排气消音器，显然这一 K 值，不能为检测站对汽车进行就车检测之用。因此，检测站测试必须使用有关部门提供的就车试验 K 值，即同一机型也要注意是否有特殊的附件，如空调、转向助力泵、风扇的驱动方式等，也就是说，对同一底盘的各类改装车，K 值的选取必须慎重。

为避免迅猛加速过程操作上的误差导致数据离散，可将节气门先开至最大，然后打开点火开关，发动机立即启动并自由加速。为使测试数据准确并不损害发动机，试验前必须充分暖车使冷却系统预热到正常温度。

任务实施

对实车进行：完成桑塔纳选三发动机性能的检测，完成工作单（见表2－11）。

表2－11　桑塔纳选三发动机性能检测

检测项	数据记录	数据分析
发动机温度		
发动机转速		
怠速开关状态		
进气量		

续表

检测项	数据记录	数据分析
喷油量		
点火提前角		
对外输出功率		

任务小结及任务检验

任务小结

本任务主要学习了电控发动机维修作业过程中最常用到的检测设备仪器的使用方法与使用注意事项。在“发动机综合分析仪的使用”一节中，主要讲述了使用方法，但在实际工作中各维修点基本上不使用该设备仪器。不过该设备仪器在将来的维修作业过程中将会被广泛认可。

学习任何技术的重点都是掌握方法，方法运用合理了，就算遇到从没见过的设备仪器也能很快学会使用，处理问题也会很快。所以本任务的学习重在掌握方法。

任务检验

针对雪弗兰科鲁兹 1.6 L AT 轿车的发动机只能加速至 2 800 r/min 进行检测作业，完成以下工作单。

1. 故障码的读取

利用解码仪 KT600，读取实训轿车科鲁兹发动机的故障数据，填入表 2－12。

表 2－12　发动机故障数据

故障代码		发动机温度		发动机怠速转速	
车辆其余用电设备有无开启		节气门开度		空气流量	
故障代码含义					
对发动机该进行怎样的检修					

2. 数据流的读取

利用解码仪 KT600，读取实训轿车科鲁兹发动机的数据流，完成以下工作。

(1) 启动发动机读取数据流完成表 2－13（以下数据填写均为 2 min 内的变化范围及变化情况）。

表 2－13　启动发动机时数据流

检测项	数据记录	数据分析
发动机温度		
发动机转速		
怠速开关状态		
进气量		
喷油量		
点火提前角		

（2）发动机运行在 2 000～2 500 r/min 时读取数据流，完成表 2－14。

表 2－14　发动机运行时数据流

检测项	数据记录	数据分析
节气门开度变化		
怠速开关状态		
进气量		
喷油量		
点火提前角		

3. 传感器的检测

（1）检测科鲁兹轿车发动机空气流量传感器（见图 2－27）的各管脚间的电阻值，并完成表 2－15。

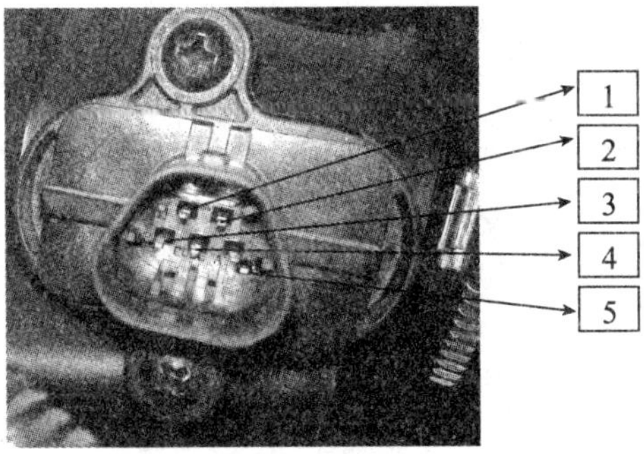

图 2－27　空气流量传感器

表 2－15　各管脚间电阻值

管脚号	1—2	1—3	1—4	1—5	2—3	2—4	2—5	3—4	3—5	4—5
电阻值										

（2）通过以上所测数值试绘制出该传感器的电路简图。

（3）检测科鲁兹轿车发动机空气流量传感器对应的插接器（见图2－28）上各管脚间的供电电压值，并完成表2－16。

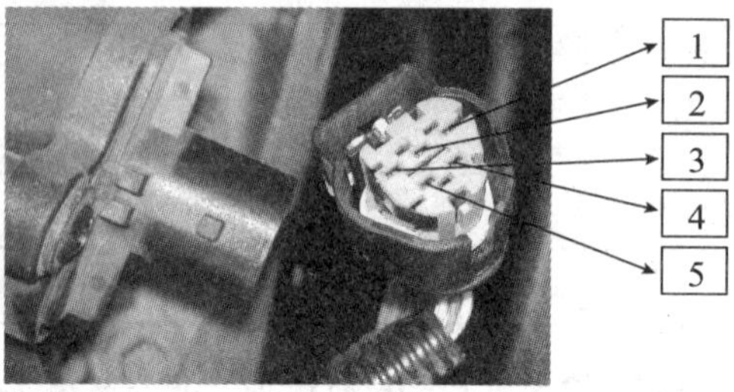

图2－28　空气传感器对应的插接器

表2－16　各管脚间供电电压值

管脚号	1—2	1—3	1—4	1—5	2—3	2—4	2—5	3—4	3—5	4—5
电压值										

4. 燃油系统检测

（1）进行燃油压力检测，将结果填入表2－17。

表2－17　燃油压力检测

检测子任务	点火开关打开后系统所建立的油压	启动发动机时系统油压的变化情况	怠速时的系统油压（高低怠速均记录）	转速在2 500 r/min时的油压
油压值				
发动机熄火后的时间		5 min	10 min	15 min
系统的油压保持情况				

（2）进行喷油器检测，将结果填入表2－18。

表2－18　喷油器检测

检测子任务	喷油器的电阻值	喷油器的控制电压	喷油器的喷油状况（伞状、雾状、直线喷射状、流动出油状、滴油状等）	喷油器有无滴漏
一缸				
二缸				
三缸				
四缸				

5. 发动机综合性能检测

进行发动机综合性能检测，将结果填入表2－19。

表2－19　发动机综合性能检测

检测项	数据记录	数据分析
发动机温度		
发动机转速		
怠速开关状态		
进气量		
喷油量		
点火提前角		
对外输出功率		

任务三
电控发动机传感器的认知与检测

任务背景介绍

传感器顾名思义，就是传递信息的装置仪器。在电控发动机中，传感器是电控系统中三要素之一，缺一不可。

传感器是将各种非电量（包括物理量、化学量、生物量等）按一定规律转换成便于处理和传输的另一种物理量（一般为电量）的装置。

传感器是将由运动物产生的变化信息，转变为电信号，传递给 ECU（电子控制单元/电脑板/中央处理器/引擎控制模块），使 ECU 有判断分析的依据，发出准确及时的指令，使发动机的工作状况更完美。

任务目标

1. 掌握传感器的安装位置（见图 3－1），一般形式。

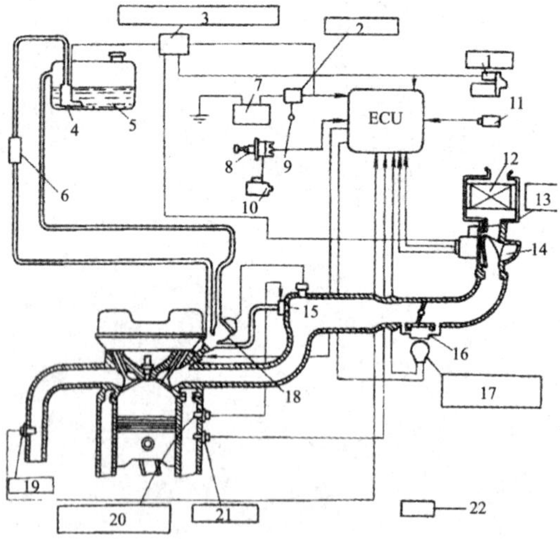

图 3－1　控制系统部件总体构成

1—启动机；2—主继电器；3—电路开启继电器；4—汽油泵；5—燃油箱；6—滤油器；7—蓄电池；8—转速及曲轴转角位置传感器（分电器）；9—点火开关；10—点火线圈；11—大气压力传感器；12—空气滤清器；13—进气温度传感器；14—空气流量计；15—冷启动喷嘴；16—空气阀；17—节流阀位置传感器；18—压力调节器；19—氧传感器；20—启动喷嘴时间开关；21—水温传感器；22—控制系统部件

2. 掌握传感器的功能。

3. 了解典型传感器的构造与工作原理。
4. 掌握使用解码仪对电控系统进行故障诊断的思路和程式。
5. 掌握用万用表对传感器的检测方法。
6. 了解使用示波器对发动机被测件进行测试的方法。

子任务一　流量传感器的认知与检测

任务导入

对卡罗拉轿车出现发动机转速只能加到 2 500 r /min 的现象，故障灯点亮。试通过理论内容的学习设计出工作方案，并将此故障排除。

相关知识准备

一、流量传感器的分类及应用范围

空气流量传感器，也称空气流量计，是电控发动机的重要传感器之一。它将吸入的空气流量转换成电信号送至电控单元，作为决定喷油量大小的基本信号之一，是测定吸入发动机的空气流量的传感器。

电子控制汽油喷射发动机为了在各种运转工况下都能获得最佳浓度的混合气，必须正确地测定每一瞬间吸入发动机的空气量，以此作为 ECU 计算（控制）喷油量的主要依据。如果空气流量传感器或其传输线路出现故障，ECU 得不到正确的进气量信号，就不能正常地对喷油量进行控制，将造成混合气过浓或过稀，使发动机运转不正常。电子控制汽油喷射系统的空气流量传感器有多种形式，常见的空气流量传感器按其结构形式可分为叶片（翼板）式、量芯式、热线式（见图 3－2）、热膜式（见图 3－3）、卡门涡旋式等几种。

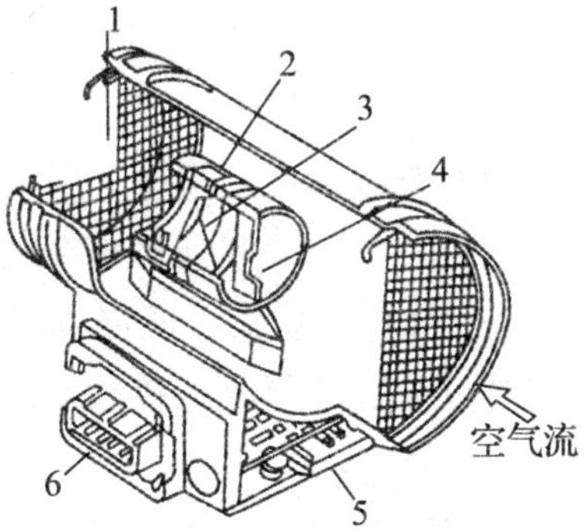

图 3－2　热线式空气流量传感器（主流测量方式）

1—防护网；2—取样管；3—白金热线；4—温度补偿电极；5—控制线路板；6—连接电路

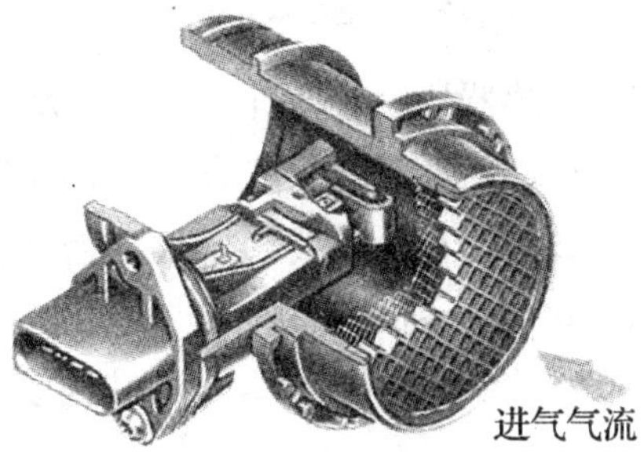

图 3－3　热膜式空气流量传感器

二、各流量传感器的工作原理

根据空气流量传感器特征的不同，将燃油控制系统按进气量的计量方式分为直接测量进气量的 L 型控制和间接测量进气量的 D 型控制（根据进气歧管负压与发动机的转速间接测量进气量）。

D 型控制（见图 3-4）中的微机 ROM 内，预先储存着以发动机转速和进气管内的压力为参数的各种状态下的进气量，微机根据所测的各运转状态下的进气压力与转速，参照 ROM 所记忆的进气量，可以算出燃油量。

L 型控制（见图 3-5）所用的空气流量计与一般工业流量传感器基本相同，它能适应汽车的负荷环境，对踩踏加速踏板时出现的流量急剧变化的响应要求，在传感器前后进气歧管的形状引起的不均匀气流中都能达到高精度检测的要求。

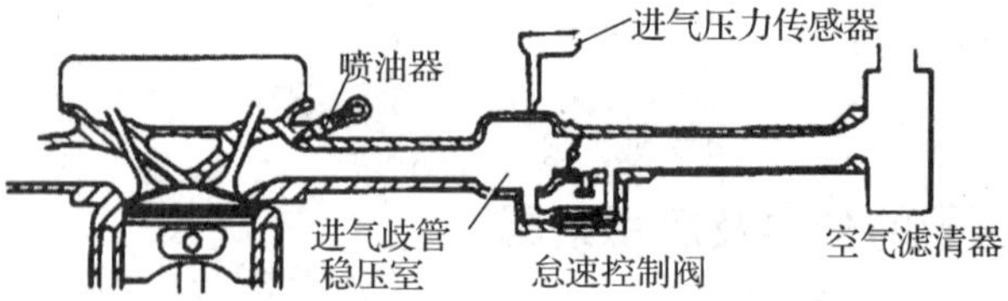

图 3-4　D 型电子燃油喷射控制发动机进气系统结构示意

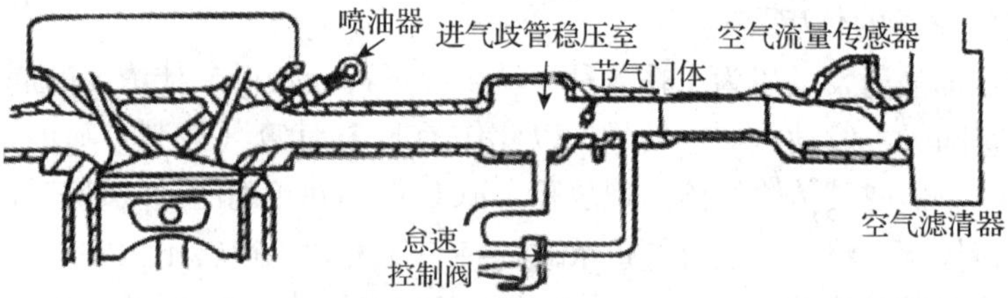

图 3-5　L 型电子燃油喷射发动机进气系统结构示意

三、流量传感器的功能

流量传感器检测发动机进气量的大小，并将进气量变换成电信号输入给 ECU。进气量信号是计算喷油量的主控信号。依据理想空燃比 14.7:1、发动机所需负荷状态，适时地控制喷油量大小，始终使燃油经济性能保持在比较合理的状态，既能满足燃油经济性，也能满足发动机动力的需求。当然发动机的工作还是要依靠其他传感器同时作用才能给 ECU 提供准确的信息，从而达到较理想的工作状态。

四、流量传感器的检测

虽然空气流量传感器失常不至于造成发动机无法启动，但是肯定会影响发动机的动力性能，如怠速不稳、加速不良、进气管“回火”以及排气管冒黑烟等，同时还能引起尾气排放超标。

1. 案例分析

1）引起发动机加速不良

一辆帕萨特 GLi 轿车，行驶里程 45 000 km，将发动机加速到 4 200 r/min，再踩加速踏板时发动机的转速反而下降。用解码仪检测，无故障码存储。读取 4 200 r/min时的数据流，发现空气流量数据只能达到 1.1 ~ 1.3 g/s，而且不能随节气门的开闭变化。更换空气流量传感器后，故障被排除。究其原因，空气流量传感器的输出信号偏差不足以让电控单元记录故障码，但是由于空气流量信号不能准确反映实际的进气量，导致电控单元据此控制的喷油量与实际相比偏少，所以发动机的转速不升反降。

2）导致进气管“回火”

一辆捷达轿车，出现发动机怠速抖动、急加速时进气管“回火”的现象。检查进气系统，没有发现漏气。更换燃油滤清器，清洗四个喷油器，无效。检查燃油压力，怠速和加速时都正常。拆下空气流量传感器的插接器试车，故障现象大有好转。测量空气流量传感器各端子的电阻值，正常。最后发现，空气流量传感器的热膜上粘有灰尘。用化油器清洗剂清除灰尘后，故障排除。

对于采用热膜式空气流量传感器的电控发动机，它以恒定的电压加在热膜（电阻）的两端，使热膜发热，其温度由平衡桥电路控制。ECU 根据流过热膜电阻的电流大小来判断进气量的多少，并决定喷油量，以适应发动机不同工况的需要。如果热膜上积尘，形成隔热层，当进气量变大时，其温度变化减慢，所需电流变小，ECU 据此确定的喷油量会减小。而此时的实际进气量比较大，于是导致混合气过稀，最终引起发动机怠速抖动，急加速时“回火”等故障现象。

2. 案例分析总结

空气流量传感器的故障分为两大类。一类是信号超出规定的范围，表示空气流量传感器已经失效，现代电控汽车具有失效保护功能，当某个传感器的信号失效时，电控单元会以一个固定的数值来代替，或者用其他传感器的信号代替有故障传感器的信号。空气流量传感器失效后，电控单元用节气门位置传感器的信号代替。另一类是信号不准确（即性能漂移）。空气流量传感器信号不准确产生的危害性可能比没有信号更大。这是因为，既然信号没有超出规定的范围，电控单元会按照这一不准确的空气流量信号控制喷油量，所以往往造成混合气过稀或者过浓。如若没有空气流量信号，电控单元会利用节气门位置传感器的信号代替，发动机的怠速反而比较稳定。

利用这一特性，可以通过拔下空气流量传感器插接器判断其性能。

（1）如果故障现象没有变化，说明空气流量传感器已经损坏。这是因为 ECU 确认空气流量传感器失效后，已经采用节气门位置传感器信号代替。此时有没有空气流量传感器的结果是一样的，所以故障现象没有变化。

（2）如果故障现象有所减轻，说明空气流量传感器的性能发生漂移，信号失真。由于空气流量信号处在有效范围之内，但 ECU 是按照失真的信号控制喷油量的，所以会引起明显的故障现象。拔下空气流量传感器的插接器后，ECU 认为空气流量传感器完全失效，就改用节气门位置传感器的信号来代替，所以发动机的工作状况有所好转。

（3）如果故障现象有所恶化，说明空气流量传感器正常。这是因为在拔下插接器前，ECU 按照正常的空气流量传感器信号控制喷油量。拔下插头后，ECU 改用节气门位置传感器信号控制喷油，由于后者的控制精度不如前者高，所以故障现象有所恶化。

任务实施

对实车进行：对卡罗拉轿车出现发动机转速只能加到 2 500 r/min 的现象，故障灯点亮。试通过理论内容的学习设计出工作方案，并将此故障排除。

1．将作业方案填写在空白处。

2．根据以上工作方案完成表 3－1。

表 3－1　故障检测

故障代码		发动机温度		发动机怠速转速	
车辆其余用电设备有无开启		节气门开度		空气流量	
故障代码含义					
对发动机该进行怎样的检修					

3．根据故障代码的含义找出故障传感器的位置，并指出该传感器的种类，说明该类传感器的工作原理和功能。

4. 使用万用表对传感器的性能进行检测，完成表3－2（依据实际传感器管脚号的数量进行检测）。

表3－2　传感器性能检测

管脚号 被测数值	1—2	1—3	1—4	1—5	2—3	2—4	2—5	3—4	3—5	4—5
电阻值										
电压值										

5. 根据上述数值试判断，ECU是否能接收到该传感器的信号，依据是什么？

6. 叙述排除故障方法。

子任务二　温度传感器的认知与检测

任务导入

对实车利用解码仪读取科鲁兹发动机冷却液温度数据流。

相关知识准备

一、温度传感器的分类及应用

温度传感器（Temperature Transducer），是指能感受温度并将这个物理量转换成电信号输出的传感器。温度传感器是温度测量的核心部分，品种繁多，按测量方式可分为接触式和非接触式两大类，按照传感器材料及电子元件特性分为热电阻和热电偶两类。

图3－6　接触式温度传感器

1. 接触式温度传感器

接触式温度传感器（见图3－6）的检测部分与被测对象有良好的接触，又称温度计。

温度传感器通过传导或对流达到热平衡，从而能直接表示被测对象的温度。一般测量精度较高。在一定的测温范围内，温度传感器也可测量物体内部的温度分布。但对于运动体、小目标或热容量很小的对象则会产生较大的测量误差，常用的温度计有双金属温度计、玻璃液体温度计、压力式温度计、电阻温度计、热敏电阻和温差电偶等。它们广泛应用于工业、农业、商业等部门。在日常生活中人们也常常使用这些温度计。随着低温技术在国防工程、空间技术、冶金、电子、食品、医药和石油化工等部门的广泛应用和超导技术的研究，测量120 K以下温度的低温温度计得到了发展，如低温气体温度计、蒸气压温度计、声学温度计、顺磁盐温度计、量子温度计、低温热电阻和低温温差电偶等。低温温度计要求感温元件体积小、准确度高、复现性和稳定性好。利用多孔高硅氧玻璃渗碳烧结而成的渗碳玻璃热电阻就是低温温度计的一种感温元件，可用于测量1.6～300 K范围内的温度。

2. 非接触式温度传感器

非接触式温度传感器（见图3－7）的敏感元件与被测对象互不接触，又称非接触式测温仪表。这种仪表可用来测量运动物体、小目标和热容量小或温度变化迅速（瞬变）对象的表面温度，也可用于测量温度场的温度分布。

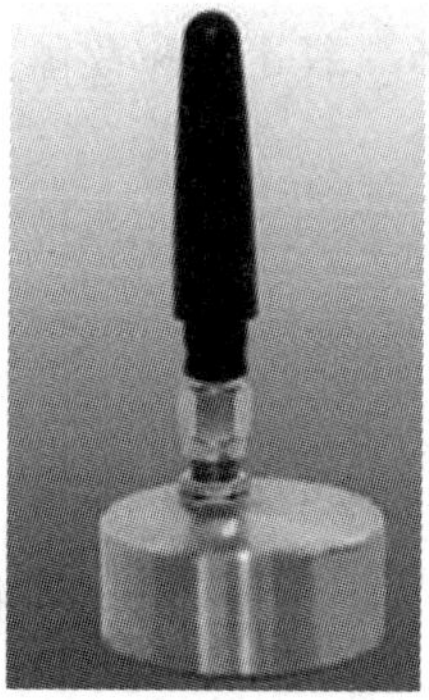

图3－7　非接触式温度传感器

非接触测温优点：测量上限不受感温元件耐温程度的限制，因而原则上对最高可测温度没有限制。对于1 800 ℃以上的高温，主要采用非接触测温方法。随着红外技术的发展，辐射测温逐渐由可见光向红外线扩展，700 ℃以下直至常温都已采用，且分辨率很高。辐射测温在车辆中应用较少。

二、各温度传感器的工作原理

1. 根据膨胀原理设计的传感器

金属在环境温度变化后会产生一个相应的延伸，因此传感器可以以不同方式对这种反应进行信号转换。

2. 双金属片式传感器

双金属片由两片不同膨胀系数的金属贴在一起而组成，随着温度变化，一种金属比另外一种金属膨胀程度要高，引起金属片弯曲。弯曲的曲率可以转换成一个输出信号。

3. 双金属杆和金属管传感器

随着温度升高，金属管长度增加，而不膨胀钢杆的长度并不增加，这样由于位置的改变，金属管的膨胀就可以进行传递。反过来，这种膨胀可以转换成一个输出信号。

4. 根据液体和气体的变形曲线设计的传感器

在温度变化时，液体和气体同样会相应产生体积的变化。多种类型的结构可以把这种膨胀的变化转换成位置的变化，这样产生位置的变化输出（电位计、感应偏差、挡流板等）相应的电信号。

5. 电阻传感器

电阻随着温度变化，其阻值也发生变化。电阻传感器是目前车辆温度传感器中应用最为广泛的。对于不同金属来说，温度每变化 1℃，电阻值变化是不同的，而电阻值又可以直接作为电信号输出。

电阻共有两种变化类型。正温度系数：温度升高 = 阻值增加，温度降低 = 阻值减少。负温度系数：温度升高 = 阻值减少，温度降低 = 阻值增加。

6. 热电偶传感器

热电偶由两个不同材料的金属线组成，在末端焊接在一起。对这个连接点加热，在它们不加热的部位就会出现电位差。这个电位差的数值与不加热部位测量点的温度有关，与这两种导体的材质也有关。这种现象可以在很宽的温度范围内出现，如果精确测量这个电位差，再测出不加热部位的环境温度，就可以准确知道加热点的温度。由于它必须有两种不同材质的导体，所以称之为热电偶。不同材质做出的热电偶使用于不同的温度范围，它们的灵敏度也各不相同。热电偶的灵敏度是指加热点温度变化 1 ℃时，输出电位差的变化量。对于大多数金属材料支撑的热电偶而言，这个数值为 5 ~ 40 μV/℃。

热电偶传感器有自己的优点和缺陷，它灵敏度比较高，容易受到环境干扰信号的影响，也容易受到前置放大器温度漂移的影响，因此不适合测量微小的温度变化。由于热电偶温度传感器的灵敏度与材料的粗细无关，用非常细的材料也能够做成温度传感器。也由于制作热电偶的金属材料具有很好的延展性，这种细微的测温元件有极高的响应速度，可以测量快速变化的过程。

三、温度传感器的功能

汽车上的温度传感器多为负温度系数热敏电阻，如发动机的进气温度传感器、冷却液温度传感器、机油温度传感器，自动变速器和无级变速器的油温传感器，空调的室内温度传感器、环境温度传感器、蒸发器温度传感器，悬架空气泵温度传感器等均为负温度系数热敏电阻。其特点是测量点的温度越高，传感器的电阻值越低，输出电压信号越低。

以马自达进气温度传感器为例，环境温度分别为 -20 ℃、20 ℃、60 ℃时，电阻值分别为 13. 6 ~ 18. 4 kΩ、2. 21 ~ 2. 69 kΩ、0. 493 ~ 0. 696 7 kΩ。负温度系数热敏电阻传感器常见故障为信号不正常，传感器或线束短路，数据流会出现虚假的高温信号；传感器或线束断路、端子进水或搭铁线接触不良，数据流会出现虚假的低温信号。另外，控制单元 A/D 转换器转换错误，数据流也可能出现虚假的高温信号。

1. 进气温度传感器

1）进气温度传感器的作用

除卡门涡旋式空气流量传感器以外，其余发动机均装有进气温度传感器，如图3－8所示。进气温度传感器可以装在空气流量传感器或进气压力传感器内，也可以装在进气道上某个部位。发动机进气温度高时控制单元会减少喷油脉宽，反之增加喷油脉宽。

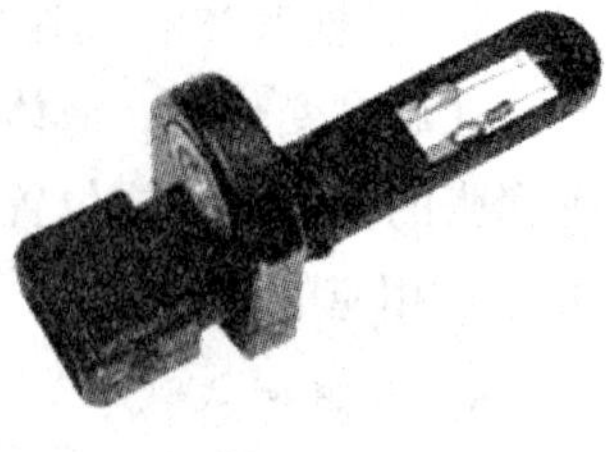

图3－8 进气温度传感器

2）进气温度传感器故障分析

进气温度传感器搭铁线接触不良，数据流会显示异常低温，低温空气密度高，会加大喷油脉宽，造成混合气过浓。传感器短路，数据流会显示异常高温，高温空气密度低，会减少喷油脉宽，造成混合气过稀。进气温度传感器温度越高混合气越浓，传感器断路或搭铁不良会造成混合气过稀，导致启动困难。

2. 冷却液温度传感器

1）冷却液温度传感器的作用

某些冷却液温度传感器端子为2针，如图3－9所示，一根为输入信号线，另一根为输出信号线；还有些冷却液温度传感器端子为4针，则4针分别为输入信号线、输出信号线、控制单元搭铁线和仪表板搭铁线。冷却液温度传感器一般装在发动机后侧节温器或散热器出水孔处，负责喷油脉宽、暖机、点火提前角、自动变速器变矩器锁止和超速挡以及空调的控制。

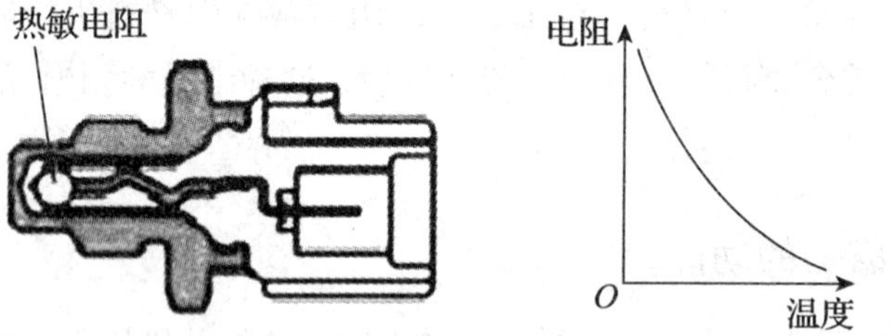

图3－9 冷却液温度传感器

其主要作用体现在以下五方面。

（1）负责控制混合气浓度，温度越低，混合气越浓；温度越高，混合气越稀。

（2）负责控制暖机时发动机转速，40 ℃以下转速为1 500 r/min左右，40～70 ℃转速为1 000 r/min左右。

（3）负责控制散热器风扇，85 ℃以上开始低速旋转，105 ℃开始高速旋转。

（4）负责控制自动变速器，56 ℃以上变速器进入锁止工况，70 ℃变速器允许进入超速挡。

（5）负责控制空调，120 ℃空调退出控制。

2）冷却液温度传感器故障分析

对于某些车系的发动机冷却液温度传感器短路，数据流会显示100 ℃以上的高温，造成混合气过稀而无法启动；传感器断路或搭铁线接触不良，数据流会显示 -30 ℃以下的低温，造成混合气过浓，排气管冒黑烟。

OBD-Ⅰ系统设定发动机控制单元将冷却液温度传感器感应温度界定在 -35~120 ℃，若超出这个范围，控制单元便可判断传感器发生故障，而在此范围内不会出现故障码。若冷却液温度传感器短路，打开点火开关时数据流就显示冷却液温度超过100 ℃，但由于没有达到120 ℃，所以不会留下故障码。

OBD-Ⅱ系统是对组合电器的监控，主要是将提供相关信息或共同信息的传感器的信息进行比较，以便判断具体哪个传感器故障，是短路还是断路等。如将冷却液温度传感器的信息和进气温度传感器的信息或启动后的时间进行比较，就可以得出冷却液温度传感器的信息是否准确，传感器是否有短路或断路的故障。所以冷却液温度传感器短路后OBD-Ⅱ系统会留下故障码。

3. 油温传感器

自动变速器油温传感器装在控制阀上，对变速器主要进行高温控制，如图3-10所示。变速器油温高于150 ℃时变矩器立即进入锁止工况，30 s后如果变速器油温仍不下降，变矩器解除锁止工况，变速器退出超速挡。

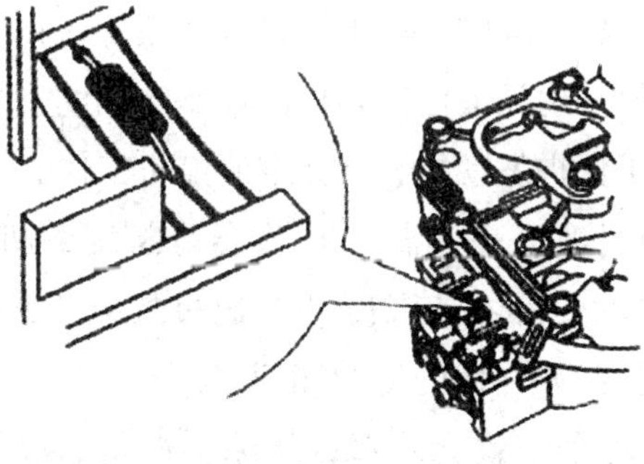

图3-10　油温传感器

油温传感器自身或线束短路，数据流会显示变速器油温高于150 ℃，所以油温传感器自身或线束短路后，变矩器不进入锁止工况，变速器没有超速挡，汽车没有高速。

以迈腾双离合器变速器油温传感器为例，变速器油温传感器为G509和G93，其中G93负责监控变速器油底壳油温，即变速器油温度；G509（见图3-11）负责监控变速器中离合器工作油温，并根据油温变化调节离合器冷却油的流量，并采取其他相应措施保护变速器。当双离合器中有一个离合器打滑，电液控制单元油温超过138 ℃时，变速

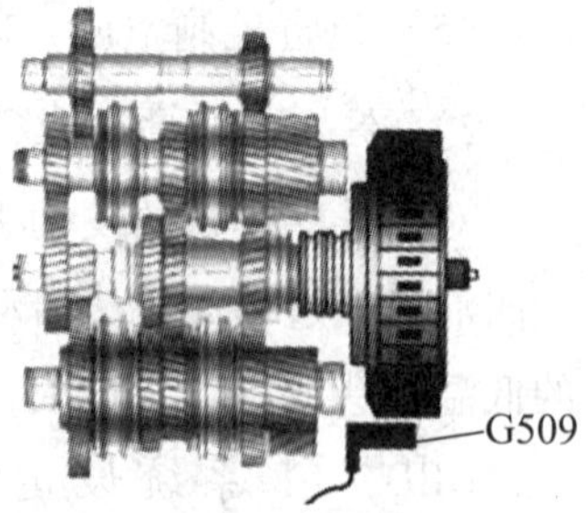

图 3－11　G509

器控制单元进入过载保护，减小发动机输出转矩，计算离合器工作油温超过额定值的量，将发动机转矩减小到怠速上限，使离合器过载几乎不出现，达到离合器冷却系统降温的目的。随后发动机重新提供最大转矩，离合器油温超过145 ℃（离合器严重打滑），停止向离合器供油，两个离合器处于断开位置，离合器油流出口的油温传感器 G509 就会给变速器控制单元高温信号，控制单元进入过载保护，D 挡位上只有一个失效保护挡，应立即更换双离合器（两个离合器必须成对更换）。如果 G509 短路，数据流会显示离合器油温超过 150 ℃，变速器控制单元进入过载保护，D 挡位上只有一个 2 挡。

4. 空气压缩机上的温度传感器

空气悬架在氮气空气压缩机上装有温度传感器，当压缩机温度达到 130 ℃时，临时中断压缩机的工作，以防止温度过高发生烧蚀。一旦空气泵烧蚀，车身高度总是停留在最低位置，不再升高。

5. 空调温度传感器

自动空调系统温度传感器包括：发动机冷却液温度传感器、车内温度传感器、环境温度传感器、蒸发器温度传感器、日光辐射传感器、制冷剂温控开关等。

控制单元根据这些传感器信号，计算出吹入客舱内空气所需的温度，选择所需的空气量，然后控制空气混合入口，水阀、进出气口转换板等，在驾驶员设定的温度范围内自动调节客舱内的温度，使其达到最佳，并自动控制空调的开启和关闭。当发动机冷却液温度超过 120 ℃时，为了保护发动机，会让空调停止工作。

空调压缩机内制冷剂温度过高，温度开关会切断压缩机电磁离合器的电路。装在蒸发器中央的蒸发器温度传感器或温度开关通过控制空调压缩机的运转来控制蒸发器的温度。蒸发器温度控制的目的是防止蒸发器结霜。如果蒸发器的温度低于0 ℃，凝结在蒸发器表面的水分就会结霜或结冰，严重时会堵塞蒸发器的空气通道，导致冷却系统制冷效果明显降低。为了避免蒸发器结霜，就必须将蒸发器的温度控制在 0 ℃以上。蒸发器温度过低，低于设定值 0 ℃以下时，空调放大器会切断压缩机电磁离合器的电路。蒸发器出口温度传感器失效，会导致空调压缩机离合器频繁吸合和分离。膨胀阀到蒸发器之间管路结霜，会导致空调出风量小。空调系统制冷的条件之一是环境温度高于室内温度，环境温度传感器断路，端子进水、接触不良或接地不良，数据流会显示环境温度 －30 ℃以下，将造成空调不制冷。同时，发动机冷却液温度传感器断路或接地线接触不良，信号失准时，散热风扇不转，导致空调散热不良，也会进入失效保护，让空调停止工作。

四、温度传感器的检测

典型案例分析

案例 1

故障现象：一辆奥迪 A8 轿车，由于电控悬架的空气泵经常退出控制，使汽车无法根据路况和行驶条件的变化变更车身的高度和硬度，于是去某修理厂进行修理。修理后空气泵不再退出控制，但使用一段时间后车身高度总是停留在最低位置，不再升高。没有故障码。

故障诊断与分析：车身高度总是停留在最低位置，不再升高，说明空气泵不再工作。而导致空气泵不工作的原因有以下三个。

（1）空气泵上的温度传感器短路，数据流会显示空气泵温度超过 130 ℃，控制单元会令其退出控制。

（2）悬架控制单元 A/D 转换器转换错误，数据流会显示空气泵温度超过 130 ℃，控制单元会退出控制。

（3）空气泵上温度传感器失效退出后，控制单元进入失效保护，设定一个假定的温度值，空气泵工作不再受温度控制。汽车在坏路行驶时，空气泵连续进行工作，就可能导致高温烧蚀。

故障排除：经检查发现因为人为断开空气泵上温度传感器端子，造成控制单元进入失效保护，导致空气泵高温烧蚀。为什么要断开传感器端子呢？原来车身控制单元 A/D 转换器转换错误，导致空气悬架经常保持在最低位置。维修人员检测空气泵上温度传感器正常，由于没有查到故障原因，于是人为断开空气泵上温度传感器端子，悬架可以进行高度自行调节了，结果导致空气泵高温烧蚀。更换空气泵和车身控制单元后故障排除。

案例 2

故障现象：一辆奇瑞风云点火开关打开后，风扇不停地转，有时无怠速，有时怠速居高不下。

故障诊断与分析：引起风扇不停转的原因很多，不便于快速查找故障点，该车怠速是可进行调整的，但一般情况下怠速是不需要进行调整的。使用解码仪进行检查，在静态时有两个故障，分别是发动机温度传感器电压输出值过低和节气门位置传感器信号电压输出过高。经过故障码的清除发现节气门位置传感器故障码可以清除，但发动机温度传感器故障码不能被清除，由此可以基本判断是温度传感器故障，因为温度传感器直接影响了发动机的怠速状态，若发动机温度传感器损坏，则 ECU 启用紧急模式，为防止产生发动机过热风扇不能工作的现象，所以启用强制风扇工作命令。当启动着车后，再次进行故障码的读取，此时节气门位置传感器故障码再次出现而且不能被清除，熄火后又能被清除。说明节气门位置传感器有异常，经试车发动机加减油都未见异常，由此判断可能是发动机温度传感器故障引起。

故障排除：更换发动机温度传感器后，发动机正常。

案例3

故障现象：一辆奇瑞旗云（油气两用），不能正常启动。有时发动着车就会熄火。

故障诊断与分析：该故障，初步估计为点火系统故障，引起点火系统出现问题的原因主要有曲轴位置传感器、点火器等。因为该车有时可以启动但不能正常运行。使用解码仪进行故障码读取时，发现故障分别是：发动机温度传感器电压过低、进气压力传感器电源短路、曲轴位置传感器信号电压失真、爆震传感器信号不存在、氧传感器信号电压过低。根据以上故障码重点检查曲轴位置传感器及连接线束，发现曲轴位置传感器线束内部绝缘层已被烤焦裂开，三根线全部短接在一起。使其线束分离后，试车发现故障依旧。但此时高压电已正常，于是判断油路问题，但喷油器是一天前才换的。故针对进气压力传感器进行检查（由于进气压力传感器直接影响了喷油量，如果不能正常传递信号，则会使喷油不正常，使发动机不能正常启动），发现其连接线束良好，更换传感器后，试车故障依旧，于是怀疑是淹缸造成的，拆下火花塞，检查，发现火花塞有轻微的淹缸迹象。对淹缸进行处理之后，再次试车，故障依旧。于是采用燃气强行启动方法检测是否是燃油供给问题。经启动，车辆顺利着车，且运行正常，由此可以判断是燃油方面的问题，经检查，发现燃油压力正常，喷油器脉冲信号正常。所以可以完全肯定是喷油器问题。（目前配件质量，尤其是副厂的配件质量很值得怀疑。）

故障排除：再次使用解码仪进行故障码清除后，仅有发动机温度传感器电压过低这一个故障，其他已全部修复。使用燃气启动发动机，先暂时使用，尽快更换喷油器、发动机温度传感器。

任务实施

对实车进行如下检测。

1. 利用解码仪读取科鲁兹轿车发动机水温传感器数据，完成表3－3。

表3－3　水温传感器数据

发动机转速	高怠速	低怠速（热怠速）	2 000 r/min
发动机温度			

2. 利用万用表结合解码仪或温度计，检测科鲁兹发动机水温传感器电阻值，完成表3－4。

表3－4　水温传感器电阻值

发动机温度/℃	20	60	80	95
水温传感器电阻值/Ω				

3. 通过上述检测结果判断出水温传感器的类型及性能的好坏。

子任务三　位置传感器的认知与检测

任务导入

对实车利用解码仪读取发动机节气门开度数据流。

相关知识准备

一、位置传感器的分类及应用范围

应用在汽车上的位置传感器有曲轴位置传感器、节气门位置传感器、液位传感器、车辆高度传感器等。其作用是检测被测对象的位置、角位移的变化情况，并把检测结果转换成电信号输入给电控单元。

位置传感器，按结构原理分为电磁式、霍尔效应式、光电式、电阻式、热敏电阻式等；按输出信号分为模拟信号式、脉冲信号式、数字信号式；按用途分类见表3－5。

表3－5　位置传感器按用途分类

位置传感器	安装位置	用途
曲轴、凸轮轴位置传感器	曲轴前端、凸轮轴前端、分电器或飞轮壳上	检测活塞上止点和曲轴转角，也是发动机转速信号源，检测凸轮轴的转角
节气门位置传感器	节气门体上	检测节气门开度
液位传感器	液体容器内	检测燃油箱油量、制动液液位、清洗液液位、冷却液液位、自动变速箱油液位等
车辆高度传感器	左右车轮、后桥部位	检测车辆车身高度的变化
溢流环位置传感器	柴油喷射泵	检测柴油泵喷射泵溢流环位置
超声波距离传感器	车辆前后保险杠	检测车辆前后方障碍物与车辆的距离
方位传感器	车顶	检测车辆地理方向位置

二、各位置传感器的工作原理

1. 曲轴位置传感器

电磁式曲轴位置传感器如图3－12所示。

当发动机运行时，飞轮齿圈上附带的信号盘，或曲轴前端或分电器盒内的信号盘，将被带着一起进行运转，此时，信号盘上的齿突相对传感器位置发生了变化，使线圈内的磁通量发生了变化，由电工学知识可以知道，此时线圈中就会产生相应的感应电动势，传感器将该电动势输出给 ECU。

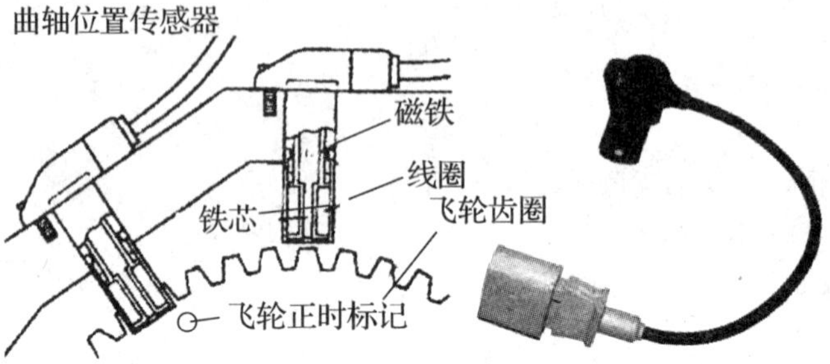

图 3－12　电磁式曲轴位置传感器

光电式曲轴位置传感器，信号盘边缘有 360 个细小缝隙，如图 3－13 所示，是用来产生 1°凸轮轴转角信号的，直接反映了发动机的转速（N_e）和曲轴或凸轮轴的转角信号。

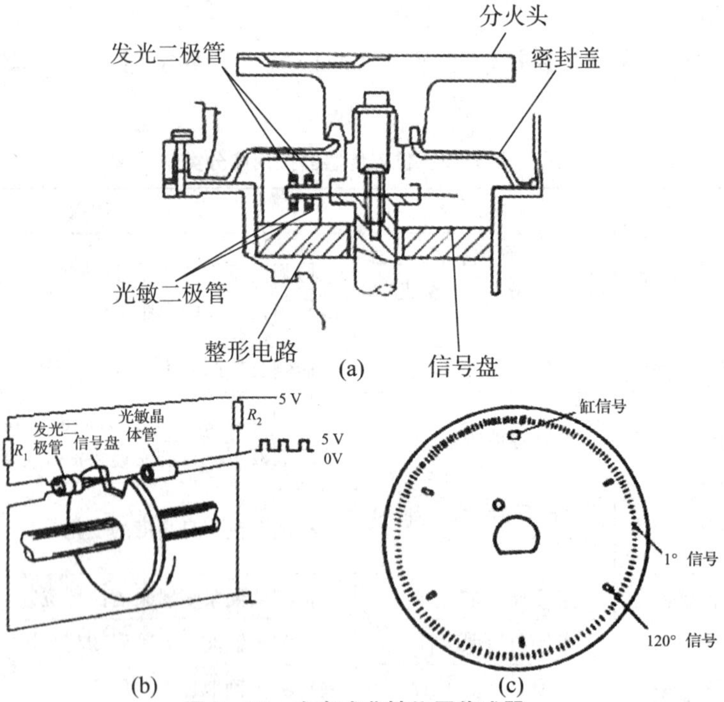

图 3－13　光电式曲轴位置传感器

（a）光电式曲轴位置传感器　（b）光电式传感器的工作原理　（c）信号盘

在凸轮轴上还可产生判缸信号（G）。对于六缸发动机，信号盘上有六个间隔 60°的较大光孔，其中一个是最大的光孔，是用来判断一缸信号的，若发光二极管的光通过此孔则表示此时为一缸活塞点火时刻。

霍尔效应式曲轴位置传感器中应用了一个特殊物理元件——霍尔元件，该元件中当电流以垂直通过磁场的方向工作时，那么在另一个方向上即同时垂直于电流和磁场的方向上会产生一个电动势，如图 3－14 所示，且当电流（I）一定时，电动势（U_H）与磁场强度（B）成正比。

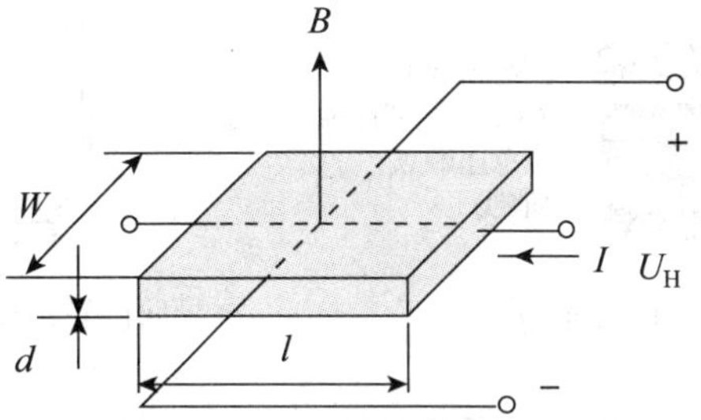

图 3－14　霍尔效应原理

当信号盘转动时，每当触发叶片进入磁铁与霍尔元件之间的空隙时，磁通被触发叶片隔磁，此时不产生霍尔电压；当触发叶片离开空隙时，磁铁的磁通穿过霍尔元件，产生霍尔电压，从而使霍尔元件产生脉冲电压信号，经放大整形后即为所需的曲轴位置信号，如图 3－15 所示。

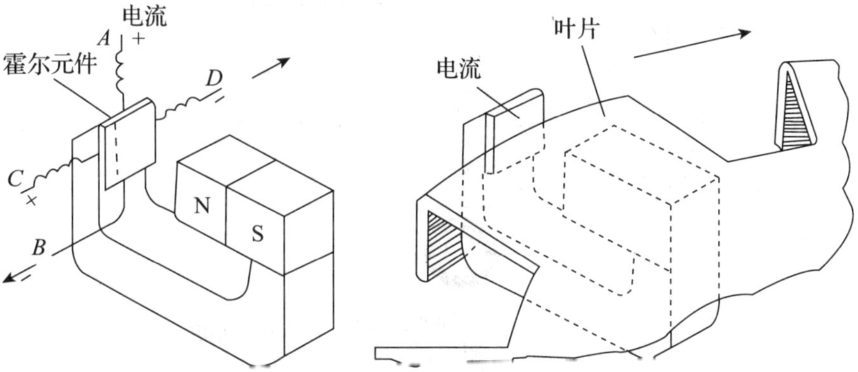

图 3－15　霍尔效应位置传感器原理

2. 节气门位置传感器

线性输出型节气门位置传感器原理利用了滑动变阻器的特性，如图 3－16 所示。借助滑动变阻器的特性完成节气门开度变化量转换为电压信号的变化量，输送给发动机 ECU，当节气门全闭时，怠速触点（IDL）电压为零，此时 ECU 对发动机进行怠速工作控制或断油控制（发动机未运转时采取断油控制）。

开关型位置传感器如图 3－17 所示。其原理主要利用发动机几大主要负荷状态时的界定模拟开关特点，使其反映节气门的开度，并将其电信号输送给发动机 ECU，控制喷油量。与线性输出型相比，其结构简单，价格便宜，但节气门开度的检测性差。目前应用较少。

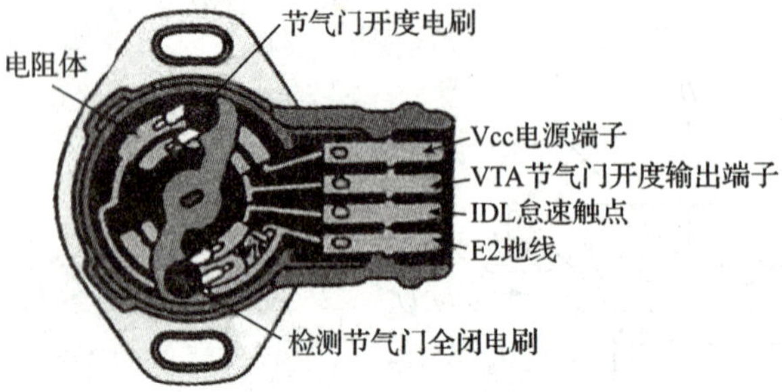

图 3-16　线性输出型节气门位置传感器

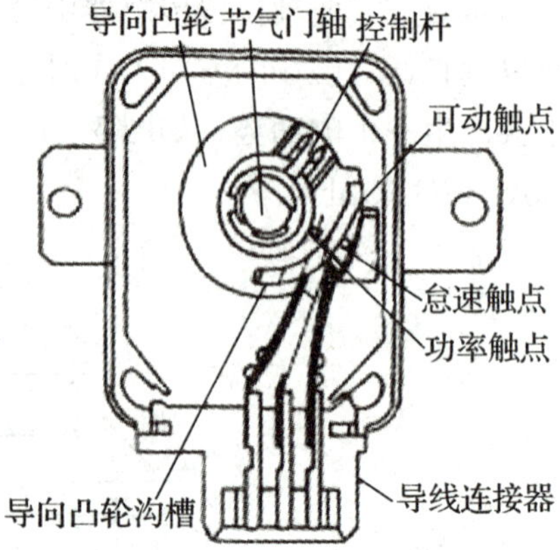

图 3-17　开关型节气门位置传感器

3. 车身高度传感器

车身高度传感器原理示意如图 3-18 所示。

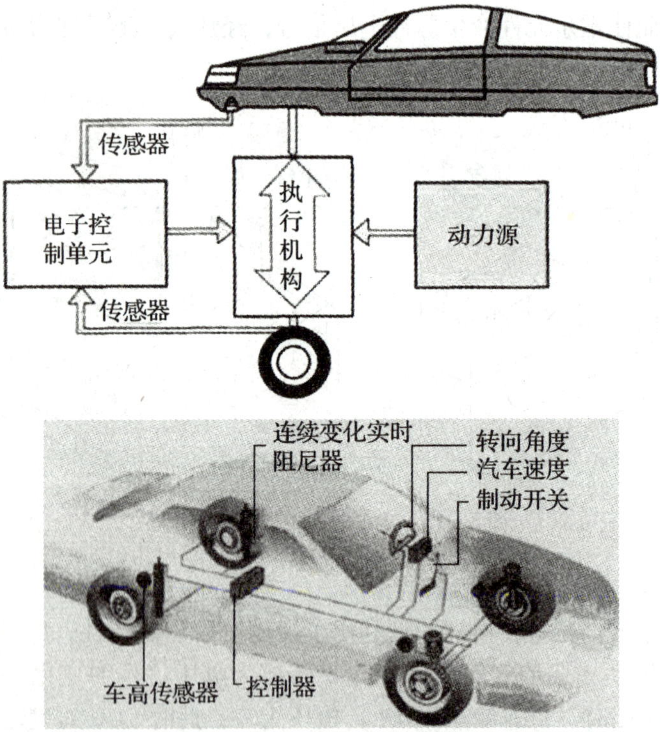

图 3-18　车身高度传感器原理

车身高度发生变化时，由连杆带动传感器轴旋转，使圆盘转动，遮光器输出脉冲信号并将此信号输送给悬架 ECU，如图 3-19 所示。ECU 据此可检测出车身的高度变化，而后结合车辆的整体状态调节其高度，使车辆整体保持稳定。

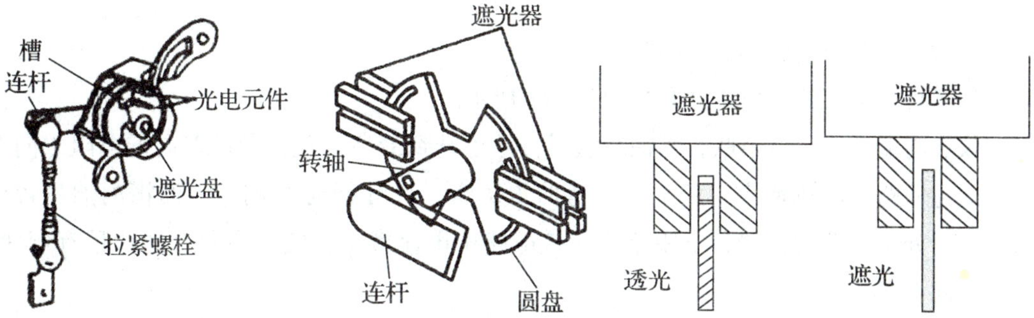

图 3－19　车身高度传感器结构

4. 液位传感器

1）浮子舌簧开关式液位传感器

浮子舌簧开关式液位传感器如图 3－20 所示。

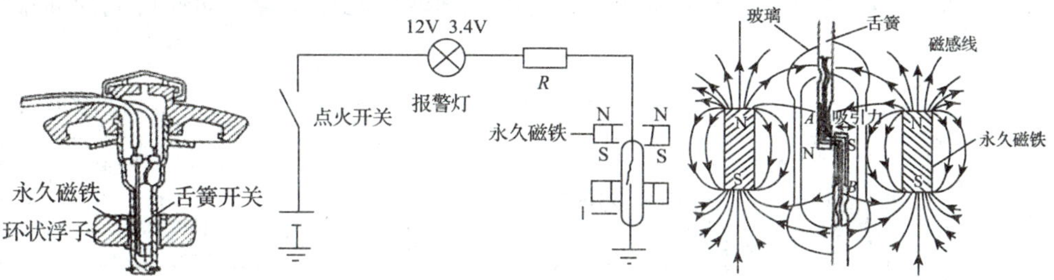

图 3－20　浮子舌簧开关式液位传感器

当永久磁铁接近舌簧开关时，磁力线从舌簧开关中通过，磁性材料触点 *A*、*B* 之间产生磁力，开关闭合，报警灯与搭铁线接通，报警灯点亮，表明液位已低于规定值。当液位达到规定值时，浮子上升到规定值，没有磁力线穿过舌簧开关，在舌簧本身弹力下，开关断开，报警灯熄灭，表示液位在正常位置。

拓展练习：根据图 3－21，结合上述所学，设计此电路原理图的检查制动液液位传感器的作业方案。

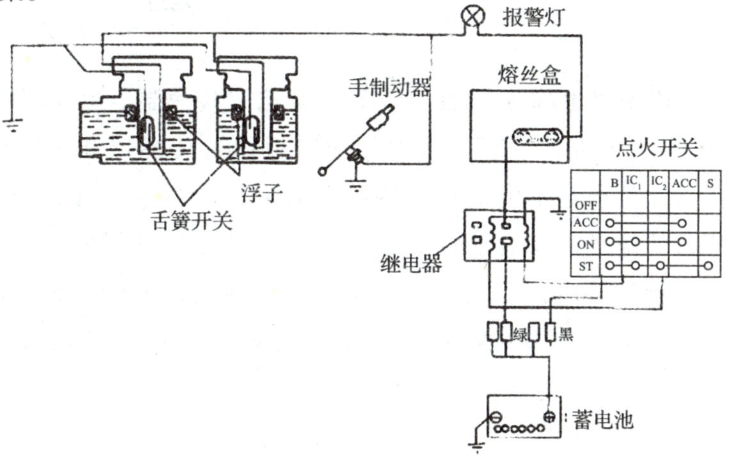

图 3－21　检查制动液液位传感器电路

2）浮子可变电阻式液位传感器

浮子可变电阻式液位传感器如图3－22所示。

仪表与滑动变阻器串联，当油箱满时，浮子升到最高位置，滑动臂向低电阻方向滑动，通过回路的电流增大，双金属片弯曲得厉害，指针指向F侧。当油箱内油量较少时，浮子处于较低的位置，电阻增大，该电路中电流减小，仪表内双金属片稍有弯曲，指针指向E侧。

3）热敏电阻式液位传感器

热敏电阻式液位传感器（见图3－23）中，通过电流时，热敏电阻发热。当热敏电阻置于汽油中时，其热量易散发，温度不会升高，因此电阻值相对不变。当油箱中油量减少后，热敏电阻暴露在空气中，其热量难以散发，因此阻值降低。当热敏电阻阻值下降到一定值时，线路中流过的电流增大到可以使继电器触点闭合，而使得低油面报警灯点亮报警。

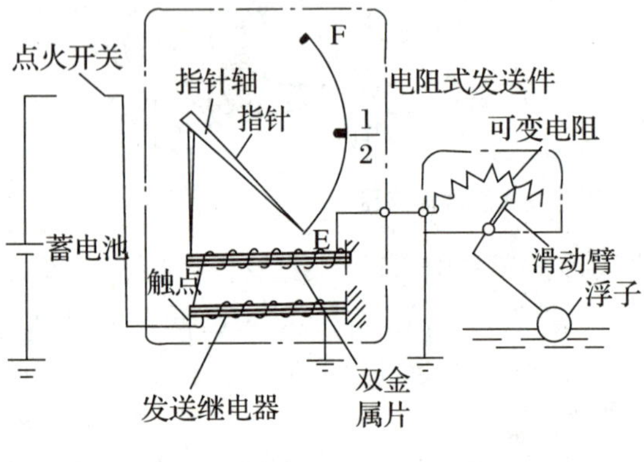

图3－22　浮子可变电阻式液位传感器

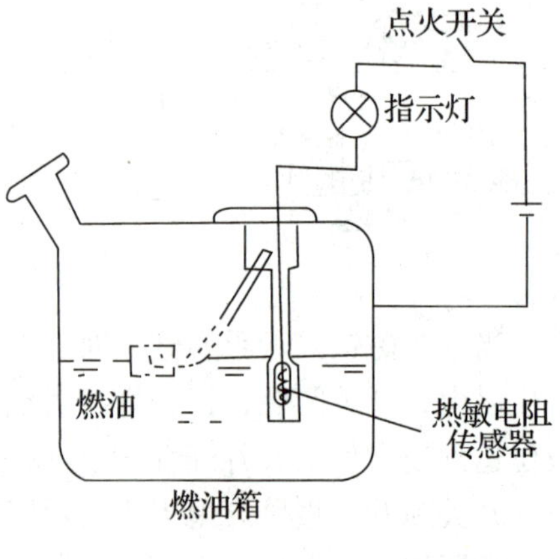

图3－23　丰田汽车热敏电阻式汽油量报警电路

5．溢流环位置传感器

溢流环位置传感器也称为供油量调节套筒位置传感器，在ECD－V1系统中，如图3－24、图3－25所示。ECU根据加速踏板位置传感器和柴油机转速传感器的输入信号，首先算出基本供油量。然后根据来自冷却液温度、进气温度、进气管压力等传感器的信号以及启动机信号，对基本供油量进行修正。再按溢流环位置传感器信号进行反馈修正，确定最佳供油量。因此，不论汽车是低温启动、加速，或是在高原行驶，ECD－V1系统都能精确地确定适应柴油机运转的最佳供油量。

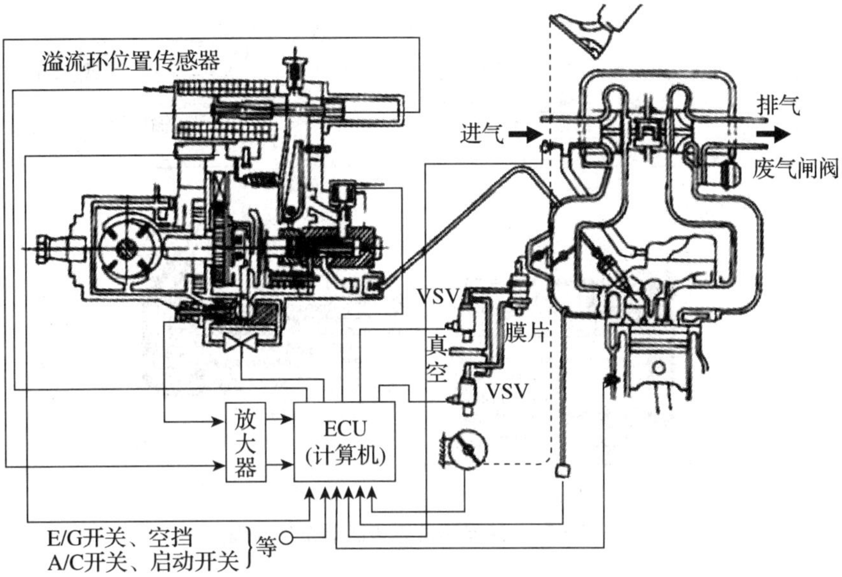

图 3-24　ECD-V1 系统组成

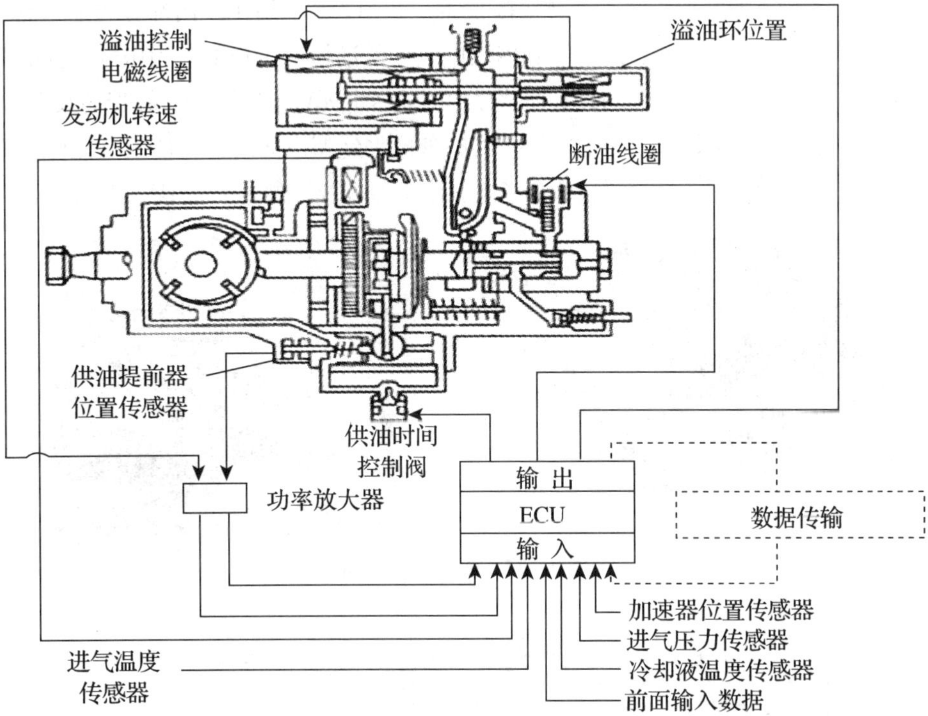

图 3-25　溢流环位置传感器

该传感器的工作原理是：在线圈内部有铁芯，铁芯与被检测位置的部件一起动作，当铁芯上下移动时，线圈的电感发生变化，输出的信号也随之发生变化。根据输出信号的大小，即可检测出被测件的位置，如图 3-26 所示。

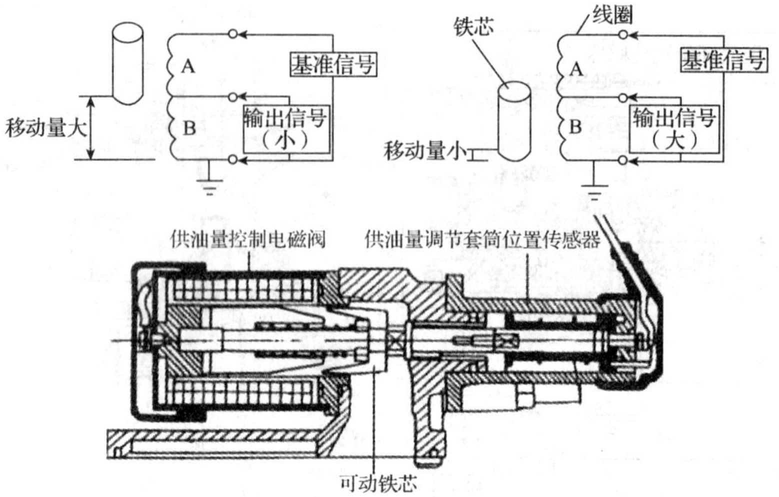

图 3－26　溢流环位置传感器工作原理

6. 其他位置传感器

超声波距离传感器的超声波发生器（接收器）如图 3－27 所示。内部有两个压电元件和一个锥形共振盘。压电式超声波发生器利用压电元件的谐振来工作的。当压电元件的两极外加脉冲信号其频率等于压电元件的固有振荡频率时，压电元件发生共振，并带动共振盘振动，产生超声波。反之，如果两极间未加电压，共振盘接收到超声波时，将使压电元件的振动转换为电信号，这时它就成了超声波接收器了。其结构原理及检测范围如图3－28所示。

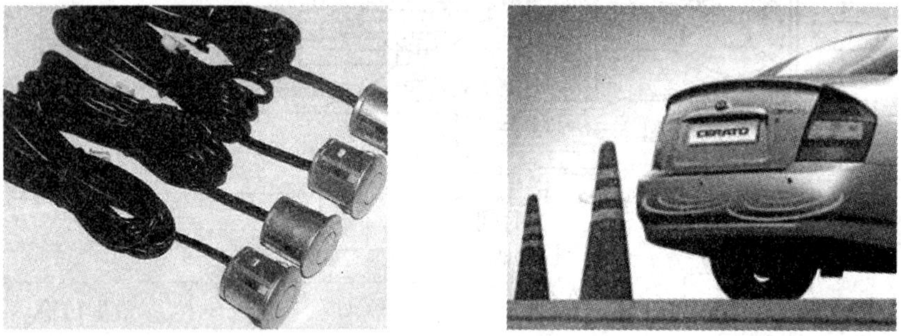

图 3－27　超声波发生器

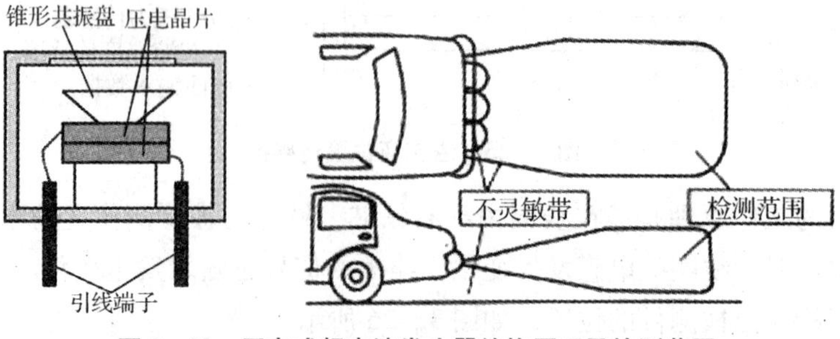

图 3－28　压电式超声波发生器结构原理及检测范围

三、位置传感器的功能

曲轴位置传感器和凸轮轴位置传感器是发动机集中控制系统中最重要的传感器之一，是点火系统和燃油喷射系统共用的传感器。曲轴位置传感器检测发动机曲轴转角，并将检测信号送至发动机 ECU，用以控制点火正时和喷油正时。同时曲轴位置传感器也是测量发动机转速的主信号。曲轴位置传感器常与凸轮轴位置传感器共存于同一台发动机上，同时又相互影响着对方，凸轮轴位置传感器主要检测活塞位置，也有称其为判缸传感器。

节气门位置传感器是发动机点火系统、燃油喷射系统和自动变速器系统共用的传感器之一，主要是检测节气门的开度，并将检测信息输送给发动机 ECU，用以控制燃油喷油量、点火正时、自动变速器的换挡。

车身高度传感器主要检测车身高度变化，并将其信息转换成电信号输送给悬架 ECU，从而实现车身高度的调节，保证车辆行驶的稳定性。

液位传感器是检测车辆油箱中剩余油量、制动液液位、清洗液液位、冷却液液位等。

溢流环位置传感器用在电子式柴油喷射装置上，用来检测溢流环的位置，控制喷油量。

超声波发射器向某一方向发射超声波，在发射时刻开始计时，超声波在空气中传播，碰到障碍物时就立即产生回波，超声波接收器收到反射波就停止计时。传感器接收到回波信号后经处理，判断障碍物位置，提示给驾驶员。

四、位置传感器的检测

在此仅以节气门位置传感器的检测方法及案例为例进行学习。其余位置传感器的检测方法作为本节工作任务进行学习。

汽车发动机节气门由驾驶员通过加速踏板来操控以改变发动机的进气量，从而控制发动机的运转。不同的节气门开度标志着发动机的不同运转工况。

为了使喷油量满足不同工况的要求，电子控制汽油喷射系统在节气门体上装有节气门位置传感器。它可以将节气门的开度转换成电信号输送给 ECU，作为 ECU 判定发动机运转工况的依据。节气门位置传感器有开关量输出型和线性可变电阻输出型两种。

1. 开关量输出型节气门位置传感器的检测

1） 结构和电路

开关量输出型节气门位置传感器的结构和特性曲线如图 3－29 所示。

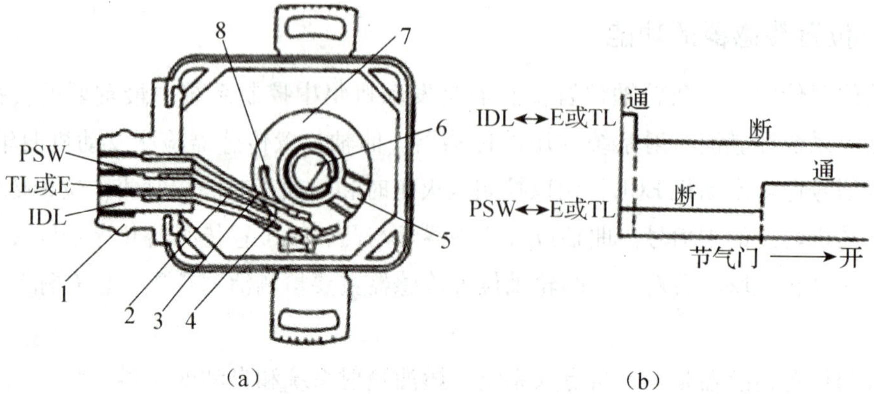

图 3-29　开关量输出型节气门位置传感器的结构和特性曲线

(a) 结构　(b) 特性曲线

1—连接器；2—动触点；3—全负荷触点；4—怠速触点；5—控制臂；6—节气门轴；7—凸轮；8—槽

开关量输出型节气门位置传感器又称为节气门开关。它有两个副触点，分别为怠速触点（IDL）和全负荷触点（PSW），由一个和节气门同轴的凸轮控制开启和闭合。当节气门处于全关闭的位置时，怠速触点 IDL 闭合，ECU 根据怠速开关的闭合信号判定发动机处于怠速工况，从而按怠速工况的要求控制喷油量；当节气门打开时，怠速触点打开，ECU 根据这一信号进行从怠速到小负荷的过渡工况的喷油控制；全负荷触点在节气门由全闭位置到中小开度范围内一直处于开启状态，当节气门打开至一定角度（丰田 1G-EU 车为 55°）的位置时，全负荷触点开始闭合，向 ECU 送出发动机处于全负荷运转工况的信号，ECU 根据此信号进行全负荷加浓控制。

2）开关量输出型节气门位置传感器的检查调整（丰田 1S-E 和 2S-E）

就车检查端子间的导通性：点火开关置于“OFF”位置，拔下节气门位置传感器连接器，在节气门限位螺钉和限位杆之间插入适当厚度的厚薄规；用万用表欧姆挡在节气门位置传感器连接器上测量怠速触点和全负荷触点的导通情况。

当节气门全闭时，怠速触点 IDL 应导通；当节气门全开或接近全开时，全负荷触点 PSW 应导通；在其他开度下，两触点均应不导通。否则，应调整或更换节气门位置传感器。

2. 线性可变电阻输出型节气门位置传感器的检测

1）结构

线性可变电阻输出型节气门位置传感器的结构如图 3-30 所示。

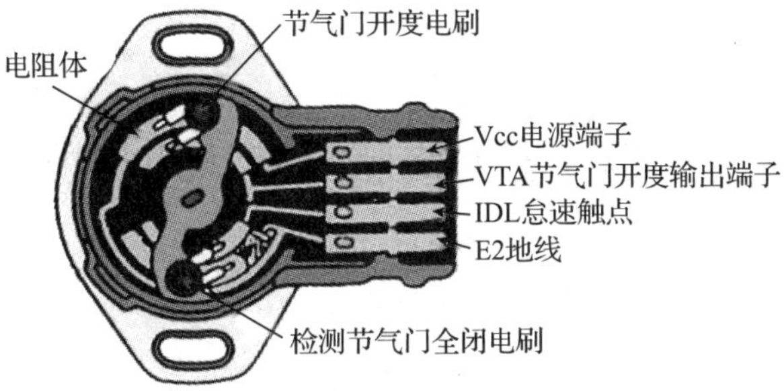

图3-30　线性可变电阻输出型节气门位置传感器的结构

线性可变电阻输出型节气门位置传感器是一种线性电位计，电位计的滑动触点由节气门轴带动。

在不同的节气门开度下，电位计的电阻也不同，从而将节气门开度转变为电压信号输送给ECU。ECU通过节气门位置传感器，可以获得表示节气门由全闭到全开的所有开启角度的、连续变化的电压信号以及节气门开度的变化速率，从而更精确地判定发动机的运行工况。一般在这种节气门位置传感器中，也设有一怠速触点IDL，以判定发动机的怠速工况。

2）线性可变电阻输出型节气门位置传感器的检查调整（以皇冠3.0为例）

（1）怠速触点导通性检测。点火开关置于“OFF”位置，拔去节气门位置传感器的导线连接器，用万用表欧姆挡在节气门位置传感器连接器上测量怠速触点IDL的导通情况。当节气门全闭时，IDL-E2端子间应导通（电阻为0）；当节气门打开时，IDL-E2端子间应不导通（电阻为∞）。否则应更换节气门位置传感器。

（2）测量线性电位计的电阻。点火开关置于“OFF”位置，拔下节气门位置传感器的导线连接器，用万用表的欧姆挡测量线性电位计的电阻，该电阻应能随节气门开度增大而成线性增大。

任务实施

对实车进行：完成科鲁兹轿车发动机上曲轴位置传感器的检测，填写任务单。

1. 检测曲轴位置传感器的电阻值：　　　Ω
2. 发动机启动着车后，曲轴位置传感器的输出电压：　　　V
3. 试读取曲轴位置传感器启动着车后生成的波形，并将图形绘制在图3-31上。

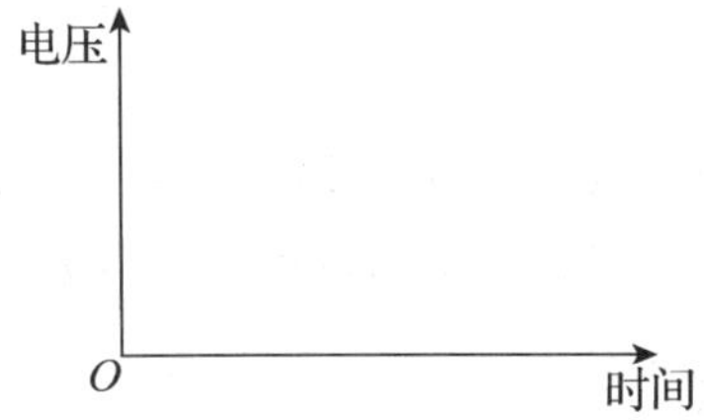

图3-31　生成波形

4. 通过检测，试说明该传感器性能好坏。

子任务四　压力传感器的认知与检测

任务导入

对实车利用解码仪读取发动机点火提前角数据流。

相关知识准备

一、压力传感器的分类及应用范围

压力传感器按结构可分为电磁式、压阻效应式、电阻—应变效应式，按信号产生原理分为电压型、频率型，按信号产生的应用分为进气歧管压力传感器、大气压力传感器、制动主缸压力传感器、蓄压器压力传感器、空气滤清器真空开关、机油压力传感器、变速器油压力传感器、轮胎气压传感器。

电磁式压力传感器，亦称为膜盒传动的可变电感式、差动变压器组合式传感器。敏感元件有膜盒、波纹管、U 形管等。

压阻效应式压力传感器是指当半导体受到应力作用时，由于载流子迁移的变化，其电阻率发生变化的现象。半导体压阻式传感器具有灵敏度高、动态响应好、精度高、易于微型化和集成化等特点而应用广泛。

电阻—应变效应式压力传感器是指金属导体的电阻在导体受力产生变形（伸长或缩短）时发生变化的现象。

电压型有压阻效应式（或半导体压敏电阻式）压力传感器、电磁式（膜盒传动的可变电感式）压力传感器。

频率型压力传感器有电容膜盒式压力传感器和表面弹性波式压力传感器。

二、各压力传感器的工作原理

1. 进气歧管压力传感器

进气歧管压力传感器又称进气压力传感器，车辆中常见 D 型 EFI 系统。由于压力传感器结构和测量原理的要求，它安装在振动较小的车身处，用一根橡胶软管与进气总管相连作为取气管，如图 3－32 所示。

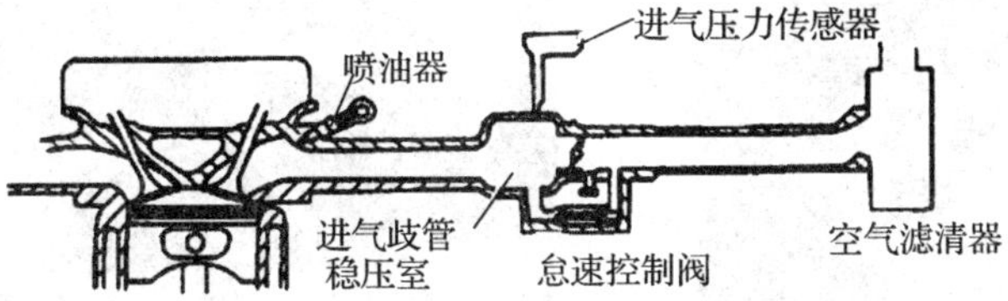

图 3-32　进气歧管压力传感器

2. 大气压力传感器

大气压力传感器与歧管压力传感器相似（以本田雅阁轿车为例），主要由硅片和放大电路组成。硅片覆盖着真空室，由发动机 ECU 向传感器提供 5 V 电源与传感器内部电路形成回路。真空室和大气压之间的压力差引起硅片弯曲变形，传感器产生一个电压信号，经放大电路修正后的信号再反馈到 ECU。

3. 制动主缸油压传感器

制动主缸油压传感器是利用应变片的电阻随形状的变化，通过金属膜片检测出压力的变化，并转换成电信号向外输出。

4. 空气滤清器真空压力开关

空气滤清器真空压力开关的原理是，在 AB 腔之间会产生压力差，利用膜片向负压侧运动使舌簧开关动作。当空气滤清器发生堵塞时，因 B 接头处为负压，舌簧开关闭合，使报警灯点亮，如图 3-33 所示。

5. 机油压力传感器

当无机油压力作用时，弹簧推动膜片，触点处于闭合（ON）状态；当机油压力达到规定值时，膜片克服弹簧力，使触点断开（OFF），如图 3-34 所示。

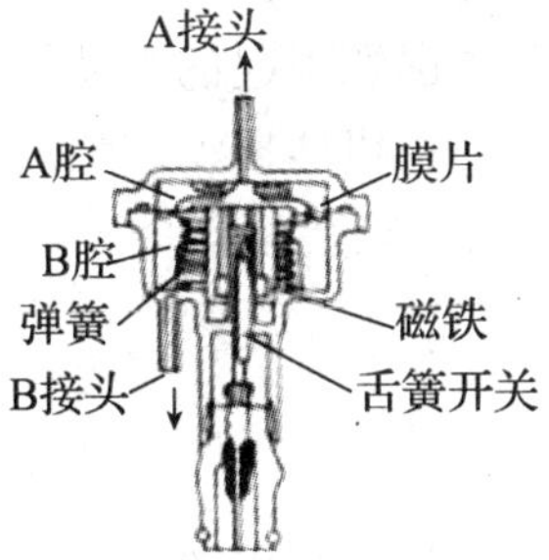

图 3-33　空气滤清器真空压力开关

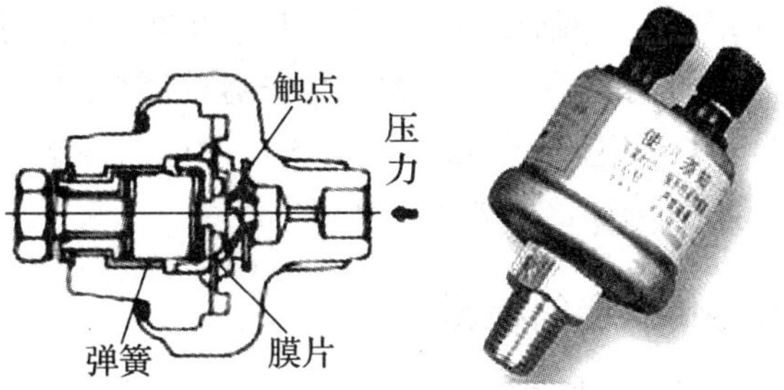

图 3-34　机油压力传感器

6. 爆震传感器

爆震传感器如图 3-35 所示，利用压电元件特性，使发动机的爆燃现象转换成电信号输送给发动机 ECU。该传感器通常装在发动机缸体部位。

图 3-35　爆震传感器

三、压力传感器的功能

进气压力传感器装于节气门后方进气稳压室部位，作用是间接测量进气量，实现喷油量的正确控制。当然电控燃油喷射系统，除受进气压力、发动机转速等主要因素的影响外，还必须考虑发动机在冷启动、热车后、满负荷、加速及停车时燃油供给的中断等诸多因素。为此，还设置了许多辅助装置，如节气门位置传感器、附加空气阀等。

电脑通过大气压力传感器测量车辆所处位置的海拔高度以及车辆爬山时的相对海拔高度，并把这种变化转换为电信号输送给发动机 ECU，从而调整点火正时和燃油供给，使发动机性能稳定。

制动主缸油压传感器检测储压器压力，以控制制动系统中油压助力装置中的油液压力，向外发出液压制动油泵接通与断开的信号、油压异常时的报警信号。

空气滤清器真空压力开关通过测量压力差来检测空气滤清器是否堵塞，从而判断空气滤清器的工作状况。

机油压力传感器检测发动机润滑系统有无机油压力。

爆震传感器检测发动机在运行过程中是否发生爆燃，从而适时调整点火时间来消除或避免爆燃现象的发生。为了最大限度地发挥发动机的动力性而不产生爆燃，点火提前角应控制在爆燃产生的临界值。当发动机产生爆燃时，传感器将爆燃引起的震动转变成电信号，并传给电子控制单元。检测爆震有检测气缸压力、发动机机体振动和燃烧噪声等三种方法。爆震传感器有磁致伸缩式和压电式。磁致伸缩式爆震传感器的使用温度为 -40 ~ 125 ℃，频率范围为 5 ~ 10 kHz。

四、压力传感器的检测

压力传感器检测过程中，方法各异，最为直接和简单的办法就是利用解码仪读取数据流，如进气压力传感器在测试时读取进气量是否随着发动机转速的提高而发生了变化；爆震传感器在发动机运行过程中，读取点火提前角是否随着发动机在某一转速状态下的运行而适时地发生变化。

任务实施

对实车进行：完成科鲁兹轿车发动机爆震传感器的相关数据流读取，完成以下任务单。

1. 解码仪读取数据流，填写表3－6。

表3－6　爆震传感器数据流

发动机转速	静态（未着车）	高怠速	低怠速	2 000 r/min	3 000 r/min
发动机温度					
点火提前角					

2. 用万用表检测爆震传感器电压，填写表3－7。

表3－7　爆震传感器电压

发动机转速	静态（未着车）	高怠速	低怠速	2 000 r/min	3 000 r/min
电压值					

子任务五　氧传感器的认知与检测

任务导入

对实车利用解码仪读取发动机氧传感器数据流。

相关知识准备

一、氧传感器的分类及应用范围

目前，实际应用的氧传感器（见图3－36）有氧化锆式氧传感器和氧化钛式氧传感器两种。而常见的氧传感器又有单引线、双引线、三根引线、四根引线之分，单引线的为氧化锆式氧传感器；双引线的为氧化钛式氧传感器；三根引线的为加热型氧化锆式氧传感器，四根引线与三根引线的氧传感器基本一致，只是构造方面有差异。原则上不同引线方式的氧传感器是不能替代使用的。

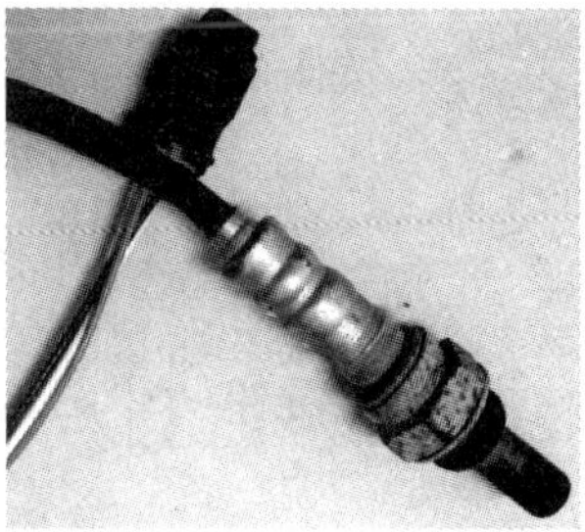
图3－36　氧传感器

二、各氧传感器的工作原理

氧传感器安装在发动机的排气管上（见图3－37），位于三元催化转化器之前，用于测量废气中的氧含量。如果废气中的氧含量高，说明混合气偏稀，氧传感器将这一信息输入发动机电控单元（ECU），ECU 命令喷油器增加喷油量；如果废气中的氧含量低，说明混合气偏浓，ECU 命令喷油器减少喷油量，从而帮助 ECU 把混合气的空燃比控制在理论值（14.7）附近。因此，氧传感器相当于一个混合气的浓度开关，它是电喷发动机实行闭环控制不可缺少的重要部件。

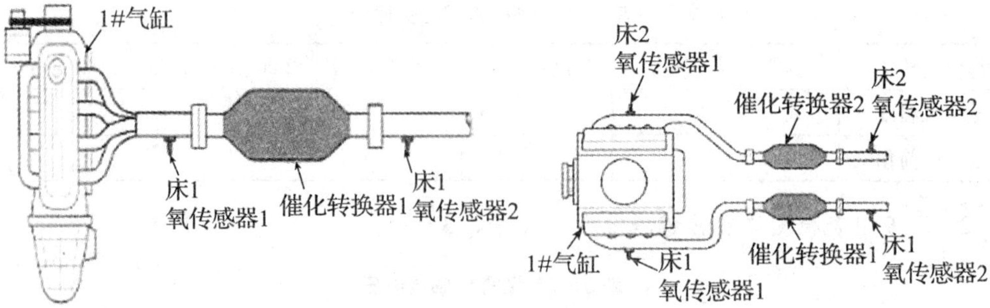

图 3－37　氧传感器安装

氧化钛氧传感器（见图 3－38）：当废气中氧的浓度高时，二氧化钛的电阻值增大；反之废气中的氧浓度较低时，二氧化钛的电阻值减小。利用适当的电路对电阻变量进行处理，即转换成电压信号输送给 ECU，用来确定实际的空燃比。

氧化锆氧传感器（见图 3－39）是利用稳定的二氧化锆陶瓷在 650 ℃以上的温度环境中产生的氧离子导电特性而设计的，在一定的温度条件下，如果二氧化锆块状陶瓷两侧的气体中分别存在着不同的氧分压（氧浓度）时，二氧化锆陶瓷体内部将产生一系列的反应和氧离子的迁移。这时通过二氧化锆两侧的引出电极，可测到稳定的毫伏级电压信号。该电压信号输送至 ECU 从而判断混合气的浓度。

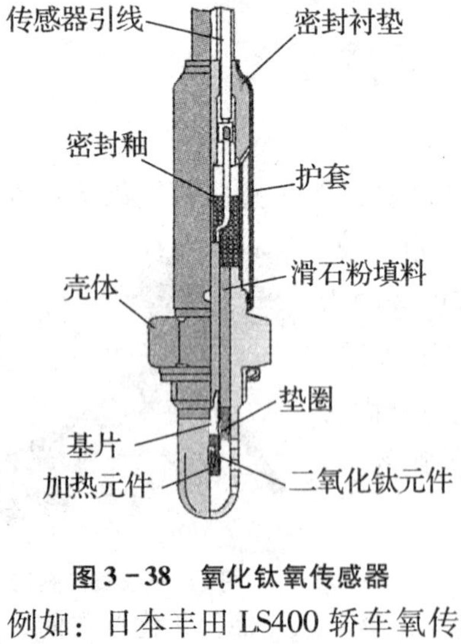

图 3－38　氧化钛氧传感器

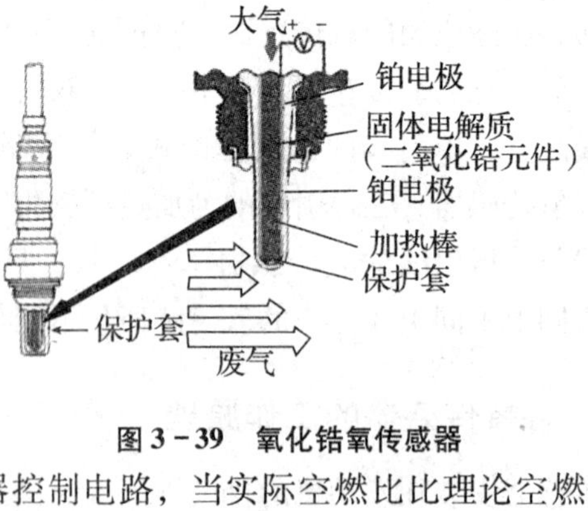

图 3－39　氧化锆氧传感器

例如：日本丰田 LS400 轿车氧传感器控制电路，当实际空燃比比理论空燃比小时，氧传感器向 ECU 输入高电压信号（0.75～0.9 V）。此时 ECU 减小喷油量，空燃比增大。当空燃比增大到理论空燃比时，氧传感器输出电压将下降到 0.1 V 左右，ECU 立即控制增加喷油量，空燃比减小。如此反复，就能将空燃比精确地控制在理论空燃比附近一个极小的范围内。

三、氧传感器的功能

在使用三元催化转换器以减少排气污染的发动机上，氧传感器是必不可少的元件。由于混合气的空燃比一旦偏离理论空燃比，三元催化剂对 CO、HC 和 NO_x 的净化能力将急剧下降，故在排气管中安装氧传感器，用以检测排气中氧的浓度，并向 ECU 发出反馈信号，再由 ECU 控制喷油器喷油量的增减，从而将混合气的空燃比控制在理论值附近。

四、氧传感器的检测

氧传感器一旦出现故障，将使电子燃油喷射系统的电脑不能得到排气管中氧浓度的信息，因而不能对空燃比进行反馈控制，会使发动机油耗和排气污染增加，发动机出现怠速不稳、缺火、喘振等故障现象。因此，必须及时排除故障或更换。

1. 氧传感器加热电阻的检查

拔下氧传感器插接器，用万用表欧姆挡测量氧传感器接线端中加热器端子与搭铁端子之间的电阻，其阻值为 4 ~40 Ω。

2. 氧传感器反馈电压的测量

数字万用表置于直流电压挡，在发动机运转期间，用万用表测试氧传感器的信号电压，读取最小和最大电压值。好的氧传感器应该能被检测到在 0.3 ~0.8 V 之间的电压值。且氧传感器反馈电压的变化次数要求在 1 s 内不得少于 8 次，此检测需要借助示波器进行。

五、氧传感器的常见故障

1. 氧传感器中毒

氧传感器中毒是经常出现的，且较难防治的一种故障，尤其是经常使用含铅汽油的汽车，即使是新的氧传感器，也只能工作几千公里。如果只是轻微的铅中毒，接着使用一箱不含铅的汽油，就能消除氧传感器表面的铅，使其恢复正常工作。但往往由于过高的排气温度，而使铅侵入其内部，阻碍了氧离子的扩散，使氧传感器失效，这时就只能更换了。

另外，氧传感器发生硅中毒也是常有的事。一般来说，汽油和润滑油中含有的硅化合物燃烧后生成的二氧化硅，硅橡胶密封垫圈使用不当散发出的有机硅气体，都会使氧传感器失效，因而要使用质量好的燃油和润滑油。修理时要正确选用和安装橡胶垫圈，不要在传感器上涂敷制造厂规定使用以外的溶剂和防粘剂等。

2. 积炭

由于发动机燃烧不好，在氧传感器表面形成积炭，或氧传感器内部进入了油污或尘埃等沉积物，会阻碍或阻塞外部空气进入氧传感器内部，使氧传感器输出的信号失准，ECU 不能及时修正空燃比。产生积炭，主要表现为油耗上升，排放浓度明显增加。此时，若将沉积物清除，就会恢复正常工作。

3. 氧传感器陶瓷碎裂

氧传感器的陶瓷硬而脆，用硬物敲击或用强烈气流吹洗，都可能使其碎裂而失效。因此，处理时要特别小心，发现问题及时更换。

4. 加热器电阻丝烧断

对于加热型氧传感器，如果加热器电阻丝烧蚀，就很难使传感器达到正常的工作温度而失去作用。

5. 氧传感器内部线路断脱

氧传感器加热器电阻的检查：拔下传感器线束接头，用万用表欧姆挡测量加热器管脚与搭铁间的电阻一般为 4 ~40 Ω。

六、检修案例：丰田 V 型六缸发动机氧传感器反馈电压的检测

（1）将发动机热车至正常工作温度（或启动后以 2 500 r/min 的转速连续运转 2 min）。

（2）把电压表的负极测笔接故障诊断插座内的 E1 插孔或蓄电池负极，正极测笔接故障检测插座内的 OX1 或 OX2 插孔或接氧传感器线束插头上的引出线。

（3）让发动机以 2 500 r/min 左右的转速保持运转，同时检查电压表指针能否在 0 ~ 1 V之间来回摆动，记下 10 s 内电压表指针摆动次数。在正常情况下，随着反馈控制的进行，氧传感器的反馈电压将在 0. 4 V 上下不断变化，1 s 内反馈电压的变化次数应不少于 8 次。

（4）若电压表指针在 1 s 内的摆动次数等于或多于 8 次，则说明氧传感器及反馈控制系统工作正常；电压表指针若在 1 s 内的摆动次数少于 8 次，则说明氧传感器或反馈控制系统工作不正常，可能是氧传感器表面有积炭而使灵敏度降低，此时应让发动机以 2500 r/min 的转速运转约 2 min，以清除氧传感器表面的积炭。若电压表指针变化依旧缓慢，则为氧传感器损坏或 ECU 反馈控制电路有故障。

氧传感器是否损坏，可按下述方法检查：拔下氧传感器的线束插头，使氧传感器不再与 ECU 连接，将电压表的正极测笔直接与氧传感器反馈电压输出端连接，然后，发动机正常运转时脱开接在进气管上的曲轴箱强制通风管或其他真空软管，人为地形成稀混合气，此时电压表读数应下降到 0. 1 ~0. 3 V；接上脱开的曲轴箱通风管或真空软管，再

拔下水温传感器接头，且用一个 4 ~ 8 kΩ 的电阻代替水温传感器（或堵住空气滤清器的进气口），人为地形成浓混合气，此时，电压表读数应上升到 0.8 ~ 1.0 V。也可以用突然踩下或松开油门踏板的方法来改变混合气浓度。在突然踩下油门踏板时，混合气变浓，反馈电压应上升；突然松开油门踏板时，混合气变稀，反馈电压应下降。如果在混合气浓度变化时，氧传感器输出电压不能相应地改变，说明氧传感器有故障。此时可拆去一根大真空软管，使发动机高速运转，以清除氧传感器上的铅或积炭，然后再测试。如果氧传感器反馈电压能按上述规律变化，说明氧传感器良好。否则，须更换氧传感器。

任务实施

对实车进行：对科鲁兹轿车发动机氧传感器检测，完成以下任务单。

1. 用解码仪读取氧传感器相关数据，填写表 3－8。

表 3－8　氧传感器相关数据

检测项	数据记录	数据分析
节气门开度变化		
怠速开关状态		
进气量		
喷油量		
点火提前角		
前氧传感器状态		
后氧传感器状态		

2. 使用万用表检测氧传感器加热线圈电阻值：　　Ω

3. 使用万用表分别检测前、后氧传感器输出电压，填表 3－9。

表 3－9　前、后氧传感器输出电压

发动机转速	高怠速	低怠速	2 500 r/min
前氧传感器电压 /V			
后氧传感器电压 /V			

任务小结及任务检验

任务小结

本任务重点介绍汽车发动机、底盘和车身电控系统传感器的作用、结构、工作原理和检测方法等内容。内容包括：汽车传感器概述，流量传感器、压力传感器、位置传感器、温度传感器等汽车用传感器的结构、原理与检测，利用电控汽车自诊断系统读取传感器的数据流。

随着汽车技术和电子技术的迅速发展，电子技术和计算机技术在汽车上得到了广泛的应用，发动机的燃油喷射系统、电子点火系统、怠速控制系统、进气控制、废气排放以及传动系统、行驶系统、转向系统、制动系统和车身普遍采用了电子控制装置。汽车已经成为了一个机电一体化的产品。在汽车电子控制系统中，传感器担负着信息的采集和传输功能，它是电子控制系统中非常重要的部件。例如，空气流量传感器，用来检测发动机的进气量，并将进气量数值转变成电信号输入电子控制单元，以供电子控制单元计算喷油量和点火时间。为掌握好现代汽车的维修技术，必须很好地了解传感器的结构原理、作用和维修方法。

任务检验

一、选择题

1. 属于质量流量型的空气流量计是（　　）。

A. 叶片式空气流量计　　B. 热膜式空气流量计

C. 卡门涡旋式　　D. 热线式空气流量计

2. 发动机水温高于（　　）°C，冷启动喷油器不工作。

A. 20～30　　B. 30～40　　C. 40～50　　D. 20～40

3. 当过气歧管内真空度降低时，真空式汽油压力调节器将汽油压力（　　）。

A. 提高　　B. 降低　　C. 保持不变　　D. 以上都不正确

4. 关于空气流量计上的怠速调整螺钉，以下哪项正确？（　　）

A. 用来调节汽油喷射器的供油量　　B. 用来调节混合气的浓度

C. 以上都正确　　D. 以上都不正确

5. 当进气温度在（　　）℃时，空气密度小，可适当减少喷油时间。

A. 20　　B. 大于 20　　C. 小于 20　　D. 15

6. 最小点火提前角为（　　）。

A. －10°～0°　　B. 0°～10°　　C. －10°～10°　　D. 10°～20°

7. 发动机转动时，检查霍尔传感器 B 和 C 端子间输出信号的电压应为（　　）。

A. 5 V　　B. 0 V　　C. 0～5 V　　D. 4 V

8. 对喷油量起决定性作用的是（　　）。

A. 空气流量计　　B. 水温传感器　　C. 氧传感器　　D. 节气门位置传感器

9. 在（　　）空气流量计中，还装有进气温度传感器和油泵控制触点。

A. 翼片　　B. 卡门涡旋　　C. 热线　　D. 热膜

10. 电容式进气管绝对压力传感器中电容量与弹簧膜片的位移成（　　），当电容量大时弹簧膜片的位移（　　）。

A. 正比　大　　B. 反比　大　　C. 正比　小　　D. 反比　小

11. 带 Acc 信号输出的开关量输出型节气门位置传感器主要增加了 Acc 信号，用以检测发动机（　　）状况。

A. 怠速　　B. 中速　　C. 高速　　D. 加减速

12. 丰田公司磁脉冲式曲轴位置传感器一般安装在（　　）。

A. 曲轴皮带轮之后　　B. 曲轴皮带轮之前

C. 曲轴靠近飞轮处　　D. 分电器内部

13. 负温度系数的热敏电阻其阻值随温度的升高而（　　）。

A. 升高　　B. 降低　　C. 不受影响　　D. 先高后低

14. 微型计算机的作用是根据汽油机运行工况的需要，把各种传感器输送来的信号用（　　）中的处理程序和数据进行运算处理，并把处理结果送到（　　）。

A. 中央处理器　A/D 转换器　　B. 内存　A/D 转换器

C. 内存　输出通路　　D. 中央处理器　输出通路

15. 电子控制点火系统由（　　）直接驱动点火线圈进行点火。

A. ECU　　B. 点火控制器　　C. 分电器　　D. 转速信号

16. 一般来说，缺少了（　　）信号，电子点火系统将不能点火。

A. 进气量　　B. 水温　　C. 转速　　D. 上止点

17. 丰田公司的发动机上，ECU 把 C1 或 C2 信号（　　）第（　　）个 Ne 信号定为压缩行程上止点前 10°。

A. 前　1　　B. 前　2　　C. 后　1　　D. 后　2

18. 点火闭合角主要是通过（　　）加以控制的。

A. 通电电流　　B. 通电时间　　C. 通电电压　　D. 通电速度

19. 在装有（　　）系统的发动机上，发生爆震的可能性增大，更需要采用爆震控制。

A. 废气再循环　　B. 涡轮增压　　C. 可变配气相位　　D. 排气制动

20. 发动机工作时，随冷却液温度提高，爆燃倾向（　　）。

A. 不变　　B. 增大　　C. 减小　　D. 与温度无关

21. 下列哪个不是怠速稳定修正控制信号？（　　）

A. 车速传感器　　B. 空调开关信号

C. 冷却水温度信号　　D. 节气门位置传感器信号

22. ECU 根据（　　）信号对点火提前角实行反馈控制。

A. 水温传感器　　B. 曲轴位置传感器　　C. 爆燃传感器　　D. 车速传感器

23. 凸轮轴位置传感器产生两个 G 信号，G1 信号和 G2 信号相隔（　　）曲轴转角。

A. 180°　　B. 90°　　C. 270°　　D. 360°

24. Ne 信号指发动机（　　）信号。

A. 凸轮轴转角　　B. 车速传感器　　C. 曲轴转角　　D. 空调开关

25. 启动时点火提前角是固定的，一般为（　　）左右。

A. 15°　　B. 10°　　C. 30°　　D. 20°

26. 点火线圈初级电路的接通时间取决于（　　）。

A. 断电器触电的闭合角　　B. 发动机转速

C. A、B 都正确　　D. A、B 都不正确

27. 发动机工作时，ECU 根据发动机（　　）信号确定最佳闭合角。

A. 转速信号　　B. 电源电压　　C. 冷却液温度　　D. A 和 B

28. 行驶时（　　）排放量最多，（　　）排放量最少。

A. NO_x　HC　　B. NO_x　CO　　C. HC　CO　　D. CO　HC

29. 采用三元催化转换器必须安装（　　）。

A. 前氧传感器　　B. 后氧传感器　　C. 前、后氧传感器

30. 如果三元催化转换器良好，后氧传感器信号波动（　　）。

A. 频率高　　B. 增加　　C. 没有　　D. 缓慢

31. 氧化锆只有在（　　）以上的温度时才能正常工作。

A. 90 ℃　　B. 40 ℃　　C. 815 ℃　　D. 500 ℃

32. 在暖机过程中，ECU 根据（　　）按预存的相关数据来控制节气门的开度。

A. 进气温度　　B. 节气门开度　　C. 冷却液温度　　D. 凸轮轴位置

33. 氧化钛氧传感器工作时，当废气中的氧浓度高时，二氧化钛的电阻值（　　）。

A. 增大　　B. 减小　　C. 不变

34. 当冷却液温度低于（　　）℃ 时，冷却风扇不工作。

A. 100　　B. 80　　C. 98　　D. 103

35. 一位顾客将一辆汽车送去修理，因为汽车在做检查/保养排放测试中，CO 含量高，测试没通过。在测试过程中，氧传感器电压值一直都低，然而，在测试中，传感器功能却是正常的。下面哪项是最可能的问题？（　　）

A. 空气泵在进气处漏气　　B. 燃油泵压力高

C. 喷油器漏油　　D. 空气滤清器滤芯太脏

36. 每当汽车经过一个颠簸时，机油报警灯均要发光，下面哪一个是最可能的故障原因？（　　）

A. 机油压力低　　B. 发送装置短路接地

C. 灯电路断路　　D. 发送装置导线松动或有短路故障

二、判断题

1. 同时喷射喷油正时的控制是以发动机最先进入做功形成的缸为基准。（　　）
2. D 型进气系统结构简单，应用比较广泛。（　　）
3. 当节气门内腔有积垢后，可用砂纸将其清除。（　　）

4. 日本丰田 LS400 轿车的曲轴位置传感器安装在分电器内。(　　)
5. 在汽车集中控制系统中，车速传感器也是自动变速器的主控制信号。(　　)
6. 光电式车速传感器与光电式凸轮轴位置传感器的工作原理不相同。(　　)
7. L 型喷射系统发动机上，空气流量计与节气门体是组合成一体的。(　　)
8. 叶片式空气流量计当旁通气道截面积增大时将使混合气变浓。(　　)
9. 水温传感器安装在发动机水套上，与冷却水直接接触。(　　)
10. 翼板式空气流量计中的 CO 调整螺钉通常情况下不用进行调整。(　　)
11. 节气门位置传感器装在节气门体上，跟随节气门轴同步转动。(　　)
12. 节气门位置传感器是不需要调整的。(　　)
13. 冷却水温度传感器随着冷却水的温度升高，其热敏电阻阻值也随之增高。(　　)
14. 在对进气温度修正中，当进气温度高于 20 ℃时，空气密度减小，适当增加喷油时间，以防止混合气偏稀。(　　)
15. 由于叶片式空气流量计检测进气的体积流量，所以 ECU 不根据进气温度信号进行对喷油量的修正。(　　)
16. 在测量进气管绝对压力传感器时，传感器输出的电流信号随真空度增加而下降。(　　)
17. 电位计式节气门位置传感器输出的电压信号中，节气门全关时电压值应为 5 V。(　　)
18. 测量进气管绝对压力传感器输出的信号电压，随着真空度增加而下降。(　　)
19. 在 D 型 EFI 中，进气温度传感器安装在空气滤清器内。(　　)
20. 空气流量计的作用是测量发动机的进气量，电脑根据空气流量计的信号确定基本喷油量。(　　)
21. 进气歧管绝对压力传感器与空气流量计的作用是相当的，所以一般车上，这两种传感器只装一种。(　　)
22. 开关量输出型节气门位置传感器既能测出发动机怠速工况和大负荷工况，又能测出发动机加速工况。(　　)
23. 电磁脉冲式曲轴位置传感器不需 ECU 供给 5 V 电源，只要转动传感器就能产生信号。(　　)
24. 当发动机在高转速运行下节气门突然关闭时，将切断喷油。(　　)
25. 进气温度传感器中的热敏电阻随着进气温度的升高而变大。(　　)
26. 在检查电磁式凸轮轴位置传感器时，检查感应线圈电阻，热态下的 G1 和 G2 感应线圈应为 125 ~ 200 Ω。(　　)
27. 霍尔型车速传感器的工作原理与霍尔式曲轴位置传感器的工作原理相同。(　　)
28. 雷克萨斯车型的所有发动机系统都采用的卡门涡旋空气流量传感器。(　　)
29. 开关量输出型节气门位置传感器常见的主要故障是触点接触不良。(　　)
30. 光电式传感器的主要功能元件通常密封得特别好。(　　)
31. 舌簧开关型车速传感器中，当磁铁转动时，在磁铁 N 极和 S 极之间的四个过渡区的

磁力使舌簧开关的触点张开或闭合。(　　)

32. 对于负热敏系数的温度传感器而言，温度越高，传感器的电阻值越小。(　　)

33. 热敏式温度传感器利用的半导体是电阻随温度变化而变化的特性，其灵敏度较低。(　　)

34. 凸轮轴位置传感器的结构、工作原理及检修过程与曲轴位置传感器基本相同。(　　)

任务四

电控发动机执行元件的认知与检测

任务背景介绍

本任务要介绍电控发动机中三要素之一的执行器。电控发动机中的执行器种类很多，如继电器、怠速电磁阀、喷油器、燃油泵、点火器、废气循环阀、电子油压调节器、节气门驱动电机、活性炭罐电磁阀等。

执行器的主要任务就是完成发动机 ECU 分配的工作，保证发动机能稳定工作。

任务目标

1. 掌握执行器的安装位置，一般形式。
2. 掌握执行器的功能。
3. 了解执行器的构造与工作原理。
4. 掌握使用解码仪对电控系统进行故障诊断的思路和程式。
5. 掌握用万用表对执行器的检测方法。
6. 了解使用示波器对发动机被测件进行测试的方法。

图片了解：

继电器如图 4－1 所示。

图 4－1　继电器

怠速电磁阀如图 4－2 所示。

图 4－2　怠速电磁阀

喷油器（汽油机）如图 4－3 所示。

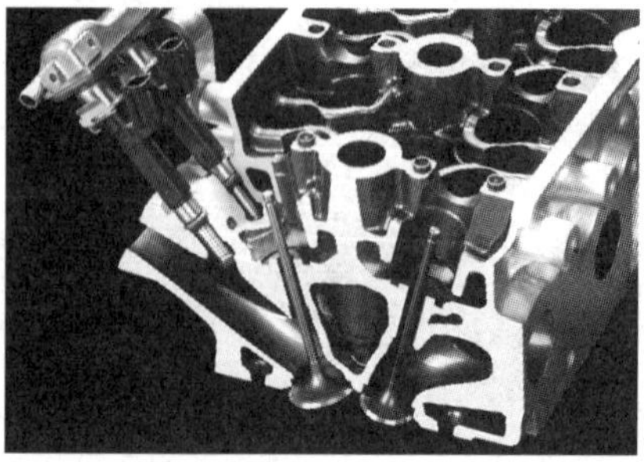

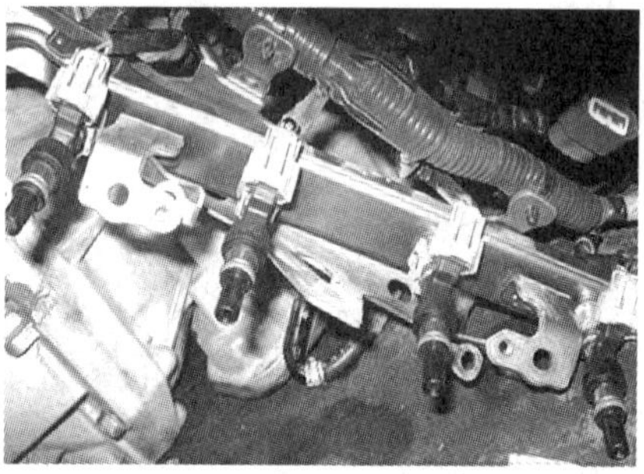

图 4－3　喷油器（汽油机）

喷油器（柴油机）如图 4－4 所示。

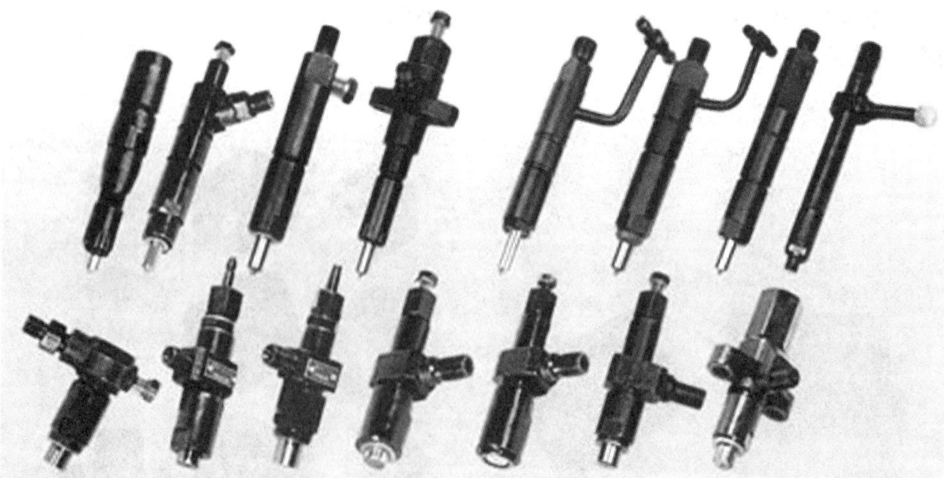

图 4－4　喷油器（柴油机）

燃油泵（柴油机输油泵）如图 4－5 所示。

燃油泵（汽油机燃油泵）如图 4－6 所示。

图4－5　燃油泵（柴油机输油泵）

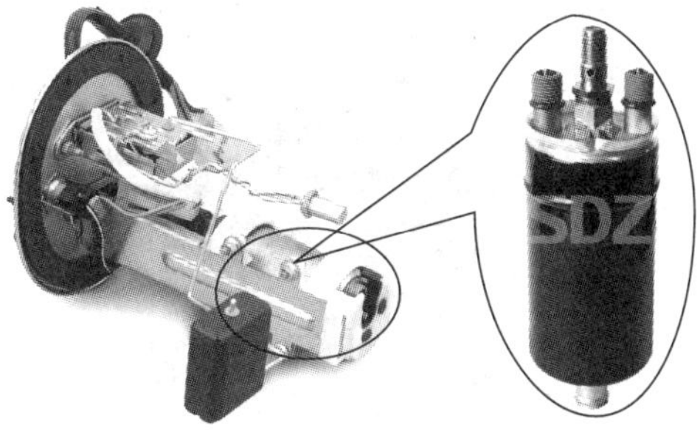

图 4－6　燃油泵（汽油机燃油泵）

点火器如图 4－7 所示。

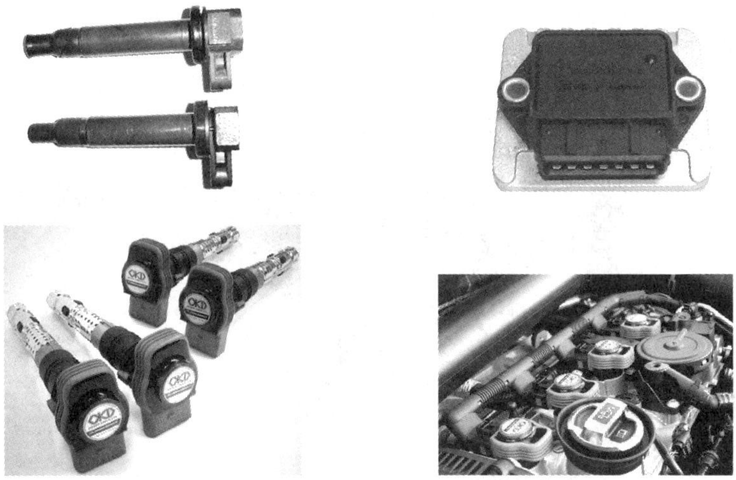

图 4－7　高尔夫 GTI 专用 OKD 高性能点火器

废气循环阀如图 4－8 所示。

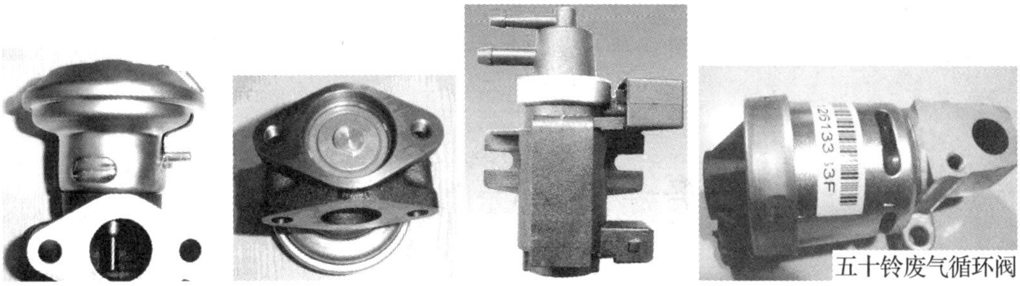

图 4－8　废气循环阀

电子油压调节器如图 4－9 所示。

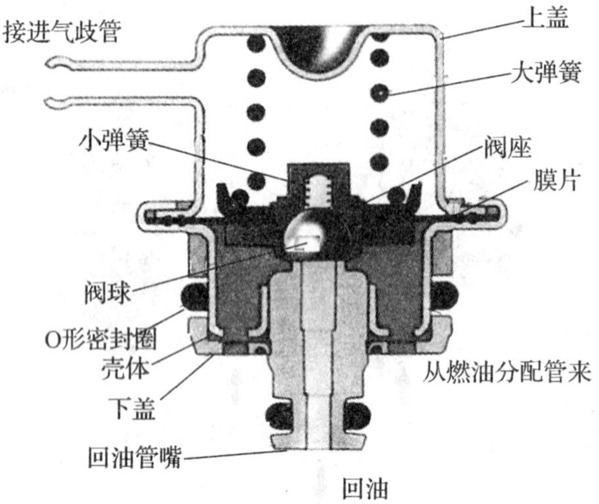

图 4－9　电子油压调节器

节气门驱动电机如图 4－10 所示。

活性炭罐电磁阀如图 4－11 所示。

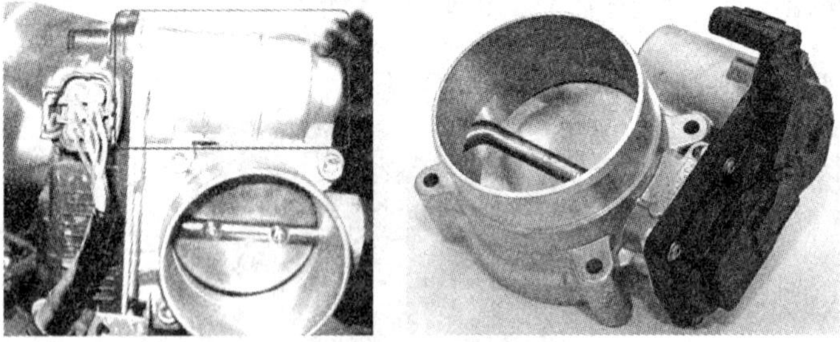

图 4－10　节气门驱动电机

图 4－11　活性炭罐电磁阀

任务实施

对实车进行：在实训车上找出上述执行器，指出所在位置。

子任务一　燃油泵的认知与检测

任务导入

对电控发动机实训台架演示燃油泵断电后的着车实验。

相关知识准备

一、汽、柴油机电动燃油泵分类

泵体是电动燃油泵泵油的主体，根据其结构的不同可分滚柱式（见图4－12）、叶片式（见图4－13）、涡轮式（见图4－14）、转子式(见图4－15)、齿轮式。最常见的是滚柱式电动燃油泵。

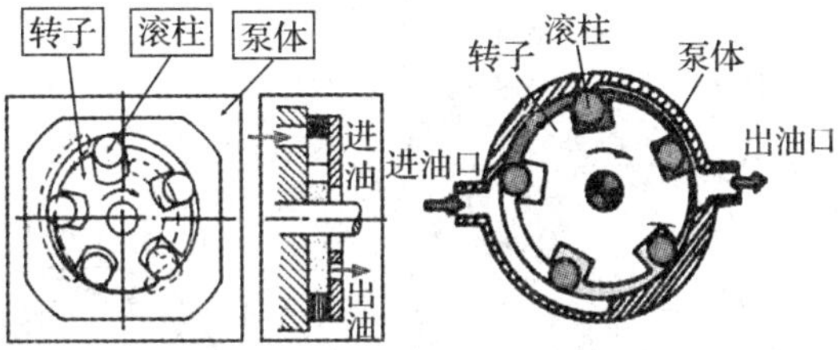

图4－12　滚柱式

根据安装位置不同可分为内置式、外置式。

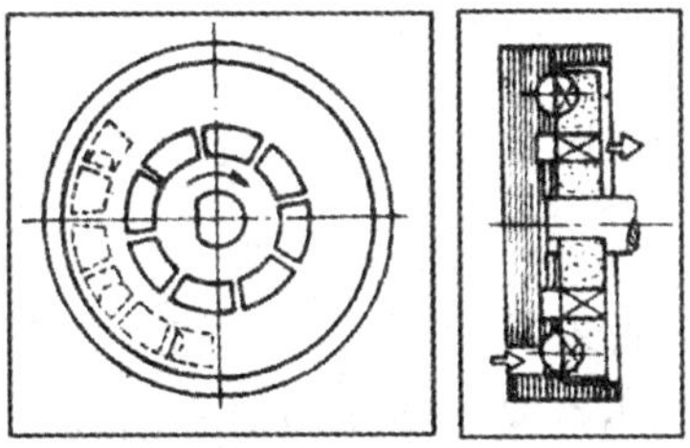

图4－13　叶片式

图4－14　涡轮式

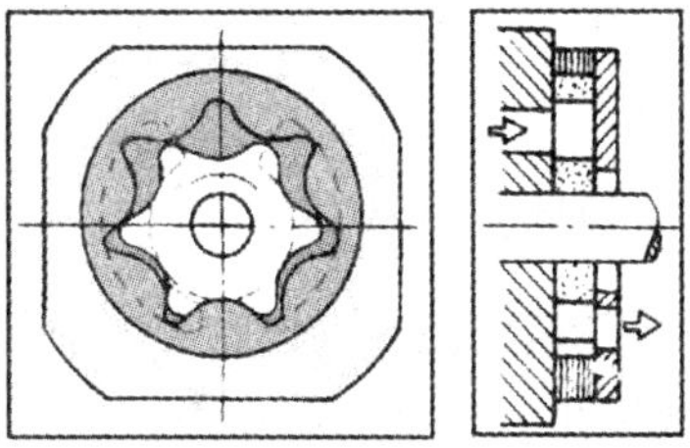

图4－15　转子式

二、电动燃油泵工作原理

电动燃油泵（见图4－16）的结构由泵体、永磁电动机和壳体三部分组成。永磁电动机通电即带动泵体旋转，将燃油从进油口吸入，流经电动燃油泵内部，再从出油口压出，供给燃油系统。燃油流经电动燃油泵内部，对永磁电动机的电枢起到冷却作用，又称湿式燃油泵。

电动燃油泵的电动机部分包括固定在外壳上的永久磁铁和产生电磁力矩的电枢以及安装在外壳上的电刷装置。电刷与电枢上的换向器相接触，其引线接到外壳上的接柱上，将控制电动燃油泵的电压引到电枢绕组上。电动燃油泵的外壳两端卷边铆紧，使各部件组装成一个不可拆卸的总成。

电动汽油燃油泵在点火开关打开后，电动机电路接通，电枢旋转，泵转子随电动机一同转动，将燃油吸入燃油泵。当油泵内油压超过单向阀处弹簧压力时，燃油便从出油口经输油管泵入燃油分配器，再分配到各个喷油器。

当油泵停止工作时，在油泵出口单向阀处弹簧压力作用下，单向阀将阻止汽油回流，使供油系统中保存的燃油具有一定的压力，以便发动机再次启动。

当燃油泵中燃油压力超过规定值（350 kPa 左右），油压克服泵体上限压阀弹簧的压力降限压阀被顶开，部分汽油返回到进口一侧，使油压不致过高而损坏油泵。

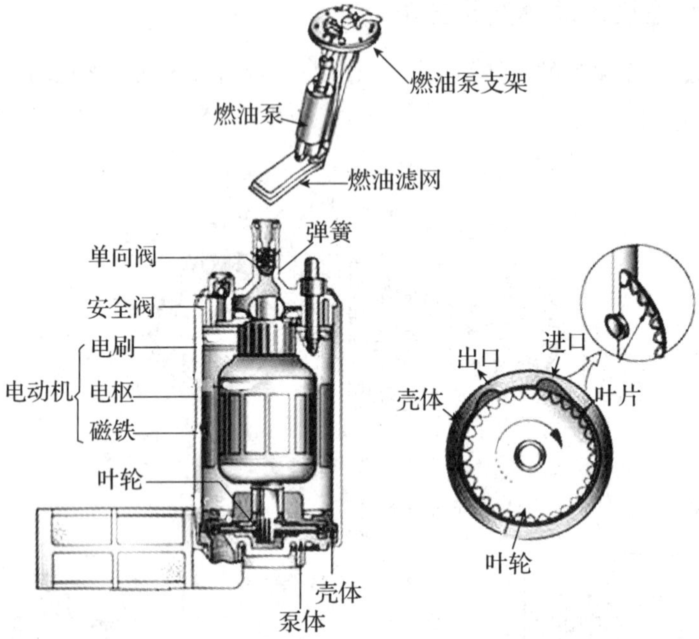

图 4－16　电动燃油泵

点火开关打开后，电动燃油泵会工作 3 s 左右。如果进行发动机启动，燃油泵会继续工作，如果不启动发动机，电动燃油泵将自动停止工作。当然某些车系只有在启动发动机时燃油泵才开始工作，发动机运行后燃油泵持续工作，发动机停止工作后燃油泵停止工作。

三、电动燃油泵功能

燃油泵的作用是将贮存在燃油箱内的燃油输送至喷油器的燃油管路内。早期的发动机燃油系统中的燃油泵多为机械式，现在电动燃油泵已经将其取代。另外，原来的一些被安装在燃油箱外的电动燃油泵，考虑到散热、隔音及气阻等问题，也均被内置到了燃油箱。

四、汽油机电动燃油泵的检测

汽油机电动燃油泵检测时（见图 4－17），在保险丝完好情况下，先检测线束连接是否紧固，然后用万用表电压挡检测通往燃油泵的接线上是否有电源电 12 V（此时需要打开点火开关，或启动发动机），再用万用表欧姆挡测量接线柱 1 与 3 之间的电阻（此时需要关闭点火开关），应为 2 ~ 3 Ω，否则应更换电动燃油泵。

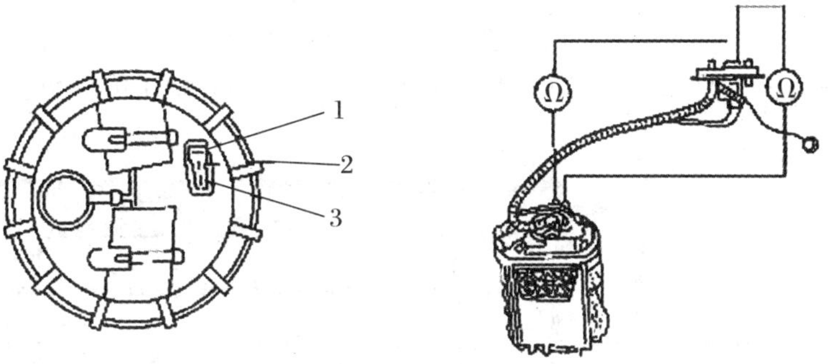

图 4－17　汽油机电动燃油泵检测

1—电源接线柱；2—浮子接线柱；3—燃油泵线圈接线柱

五、案例

故障现象：一辆2003年产宝来1.8L轿车，用户反映该车热车熄火后再重新启动时，发动机启动困难，需要持续运转启动机发动机才能启动。

故障诊断与分析：接车后，经试车发现，该车若在发动机熄火后立刻重新启动，则启动完全正常，如果在停放一段时间后，再启动就变得困难了。根据该车的故障症状，连接故障诊断仪先对发动机电子控制系统进行检测，但没有发现任何问题。根据上述检测结果，可以初步判定发动机电子控制系统没有问题，因此将检查重点放在燃油系统。于是连接油压表测量燃油系统压力，经观察燃油系统在发动机运转时工作压力正常。考虑到该车的故障是停放一段时间后才会出现，因此问题很有可能出在燃油系统残余压力保持上，即燃油系统压力存在泄压现象，导致系统不能正常保压。经连接油压表长时间观察发现，该车燃油系统压力下降过快。最终确定为燃油泵单向阀损坏，导致系统不能正常保压。

故障排除：由于单向阀不能单独更换，于是更换燃油泵。在更换燃油泵后，故障排除。

六、电控柴油机燃油供给系统

电控柴油机燃油供给系统（见图4－18、图4－19），目前采用高压共轨电控技术。高压共轨（Common Rail）电控技术是指在高压油泵、压力传感器和电子控制单元组成的闭环系统中，将喷射压力的产生和喷射过程彼此完全分开的一种供油方式。它是由高压油泵将高压燃油输送到公共供油管（Rail），通过公共供油管内的油压实现精确控制，使高压油管压力（Pressure）大小与发动机的转速无关，可以大幅度减小柴油机供油压力随发动机转速变化的程度。

图 4－18　电控柴油机燃油供给系统

高压共轨系统利用较大容积的共轨腔将油泵输出的高压燃油蓄积起来，并消除燃油中的压力波动，然后再输送给每个喷油器，通过控制喷油器上的电磁阀实现喷射的开始和终止。

其主要特点可以概括如下：共轨腔内的高压直接用于喷射，可以省去喷油器内的增压机构；而且共轨腔内是持续高压，高压油泵所需的驱动力矩比传统油泵小得多。

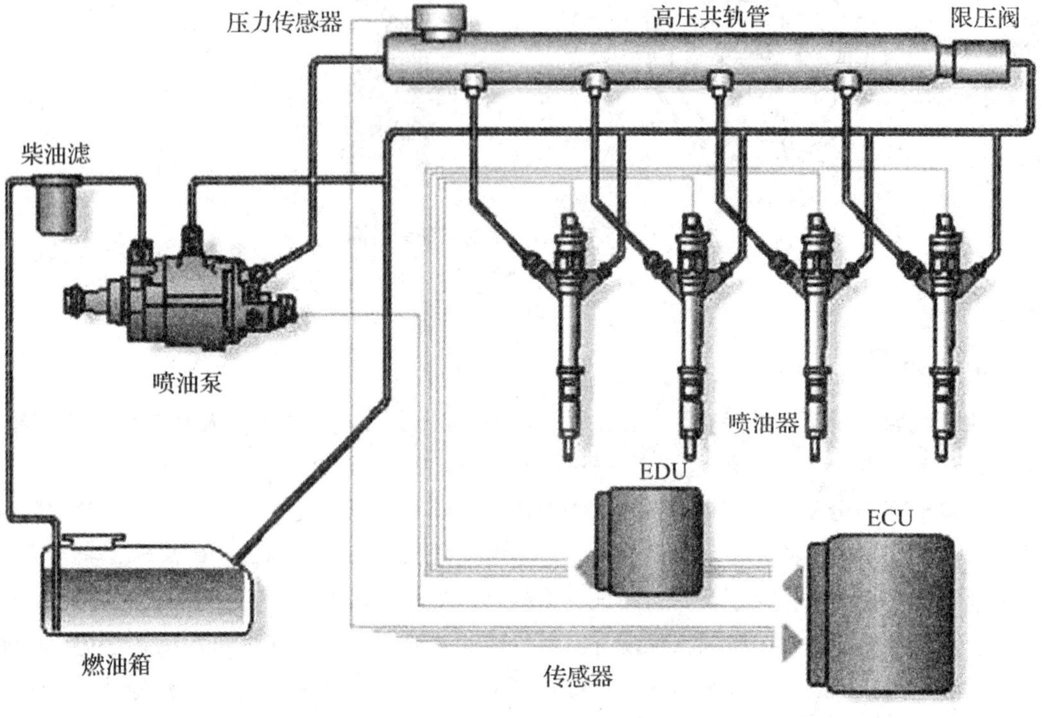

图 4－19　柴油机电控高压共轨器油喷射系统

通过高压油泵上的压力调节电磁阀，可以根据发动机负荷状况以及经济性和排放性的要求对共轨腔内的油压进行灵活调节，尤其优化了发动机的低速性能。通过喷油器上的电磁阀控制喷射正时、喷射油量以及喷射速率，还可以灵活调节不同工况下预喷射和后喷射的喷射油量以及与主喷射的间隔。

高压共轨系统由五个部分组成，即高压油泵、共轨腔及高压油管、喷油器、电控单元、各类传感器和执行器。

供油泵从油箱将燃油泵入高压油泵的进油口，由发动机驱动的高压油泵将燃油增压后送入共轨腔内，再由电磁阀控制各缸喷油器在相应时刻喷油。

预喷射在主喷射之前，将小部分燃油喷入气缸，在缸内发生预混合或者部分燃烧，缩短主喷射的着火延迟期。这样缸内压力升高率和峰值压力都会下降，发动机工作比较缓和，同时缸内温度降低使得 NO_x 排放减少。预喷射还可以降低失火的可能性，改善高压共轨系统的冷启动性能。

主喷射初期降低喷射速率，也可以减少着火延迟期内喷入气缸内的油量。提高主喷射中期的喷射速率，可以缩短喷射时间，从而缩短缓燃期，使燃烧在发动机更有效的曲轴转角范围内完成，提高输出功率，减少燃油消耗，降低碳烟排放。主喷射末期快速断油可以减少不完全燃烧的燃油，降低烟度和碳氢排放。

柴油机输油泵（见图4－20）又称为低压油泵或供油泵，它可以是带有前置过滤器的电动燃油泵，也可以是齿轮式燃油泵。输油泵将燃油从油箱吸出并输送给燃油粗滤器，经过滤后向高压油泵（喷油泵）输送定量的洁净燃料。

该输油泵按安装位置分为外置和内置两种，目前常见的是外置的，常安装于油箱顶部。

检查输油泵的工作情况：应在柴油管路畅通无阻、密封而无空气的情况下进行。检查时拧松喷油泵上的放气螺钉，并在启动柴油机的同时，观察放气螺钉处的流油情况。若柴油向外喷出，说明输油泵工作正常；若喷油不畅或不喷油，即是输油泵泵油不良或不泵油。

维修时，必须对其主要零件进行检查和维修。

图4－20　柴油机输油泵

任务实施

就实训台架进行如下检测。

1. 完成汽油机燃油泵的就车检测，并填写表4－1。

表4－1　汽油机燃油泵的就车检测

点火开关打开后燃油泵声音（有/无）	检测燃油泵的保险丝及供电电压/V	输油管有无燃油外喷（点火开关打开）	回油管路有无燃油外泄（点火开关关闭3 min后）	启动着车后堵住回油管路，发动机转速变化

2. 完成柴油机燃油泵的就车检测，并填写表4－2。

表4－2　柴油机燃油泵的就车检测

点火开关打开后燃油泵声音（有/无）	检测燃油泵的保险丝及供电电压/V	检查喷油泵排气孔有无燃油外泄	检查高压油管有无燃油外泄（启动发动机，旋松高压油管螺母）

子任务二　电磁阀的认知与检测

任务导入

对实车利用解码仪读取发动机点火提前角数据流。

相关知识准备

一、电控发动机电磁阀分类

电控发动机电磁阀按功能不同主要分为活性炭罐电磁阀、电子燃油压力调节器、喷油器、怠速控制电磁阀、废气循环电磁阀、点火器等。

二、怠速控制阀原理、功能及检测

1. 怠速控制阀原理

现代轿车的怠速多采用反馈控制方式，ECU 根据各种传感器的输入信号所决定的目标转速与发动机的实际转速进行比较，确定对应于目标转速的进气量，然后驱动控制进气量的执行机构怠速控制阀（Idle Air Control Valve，IACV），如图 4－21 所示。

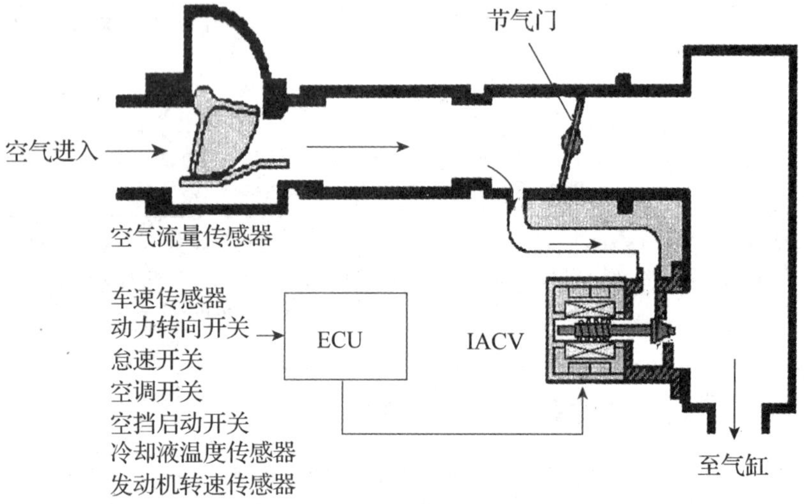

图 4－21　怠速控制系统

当节气门完全关闭时，节气门位置传感器内的怠速触点闭合并将信号输送给 ECU，ECU 即感知为怠速工况。如果此时输送到 ECU 的发动机的转速信号超出怠速转速范围，ECU 会发出调整信号给怠速控制阀，减小控制阀的开度，进气量减少，发动机转速降低；反之，则增加控制阀的开度，提高发动机的转速。这样，ECU 通过车速传感器信号形成对怠速的反馈控制，使发动机保持在正常的怠速转速范围内。

当发动机温度较低或工况发生变化时，由 ECU 控制的怠速系统将各种信号输送到 ECU 的逻辑电路进行运算，在比较电路中与基准信号对比，然后输出修正补偿信号，驱动怠速控制阀增加适当的开度，适当提高怠速，防止怠速不稳或熄火。一般在空调开启、动力转向或自动变速器工作时，怠速将自动提高 100 r/min。

目前，现代轿车广泛采用的是节气门旁通空气量步进电动机式怠速控制系统（见图4－21）。该系统主要由步进电动机式怠速控制阀、各种传感器及ECU组成，其中怠速控制的关键部件就是步进电动机式怠速控制阀。

怠速控制阀位于节气门体上，怠速工况下，节气门几乎全部关闭，由怠速控制阀控制发动机怠速时的进气量。

怠速控制阀可分为机械式、电磁阀式、旋转阀式和步进电动机式。而各种怠速控制阀因为原理和结构的不同，也可分为很多种。

1）电磁阀式怠速控制阀

电磁阀式怠速控制阀实际上就是一个电磁线圈，ECU通过占空比的方式控制线圈的电流，控制阀的开度。

早期见过一种有三个线圈控制的怠速控制阀，相当于是三个怠速控制阀。ECU打开一个或两个或三个来实现怠速的控制。

2）旋转阀式怠速控制阀

旋转阀式怠速控制阀如图4－22所示。

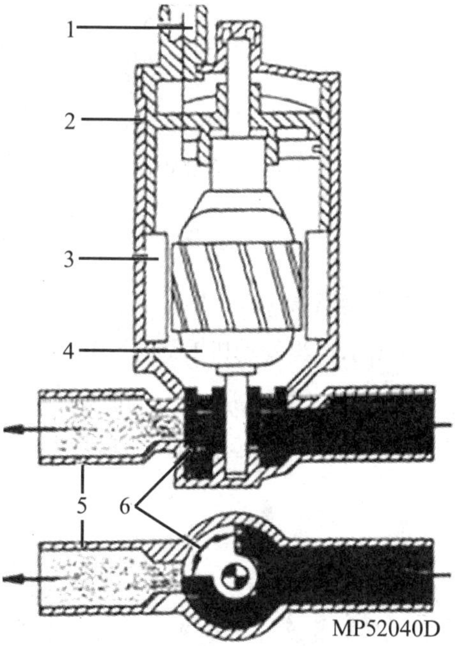

图4－22　旋转阀式怠速控制阀

1—插头；2—壳体；3—永久磁铁；4—转子；5—空气通道；6—旋转阀

两个电磁线圈式怠速控制阀多应用于丰田发动机，ECU控制两个线圈的通电或断开，改变两个线圈产生的磁场强度，两线圈产生的磁场与永久磁铁形成的磁场相互作用，即可改变控制阀的位置，从而调节怠速空气口的开度，以实现怠速进气量的控制。

3）步进电动机式怠速控制阀

步进电动机式怠速控制阀（见图4－23）是现在应用最多的怠速控制阀，在电控发动机的应用中有两种：一种是六线制的，应用于早期的丰田汽车，在六线式怠速控制阀（见图4－24）中，怠速控制阀内有四个线圈（S_1，S_2，S_3，S_4），两根电源线（B_1、B），四根电脑的控制线（ISC_1，ISC_2，ISC_3，ISC_4）。

图4－23　步进电动机式怠速控制阀

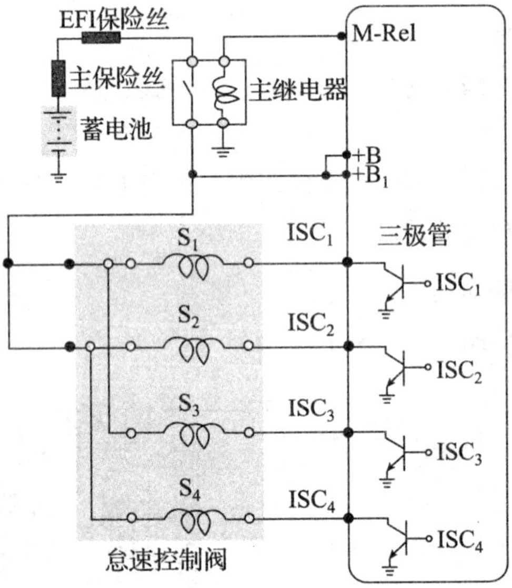

图4－24　六线式怠速控制阀

4）六线式怠速控制阀原理

如图4－25所示，当发动机ECU控制线圈S_1、S_2、S_3依次搭铁时，转子旋转，带动阀轴和阀右移（阀芯伸出），气道减小，进气量减小，怠速降低；当按S_3、S_2、S_1顺序依次搭铁时，阀轴和阀左移（阀芯缩回），气道开大，进气量增大，怠速提高。

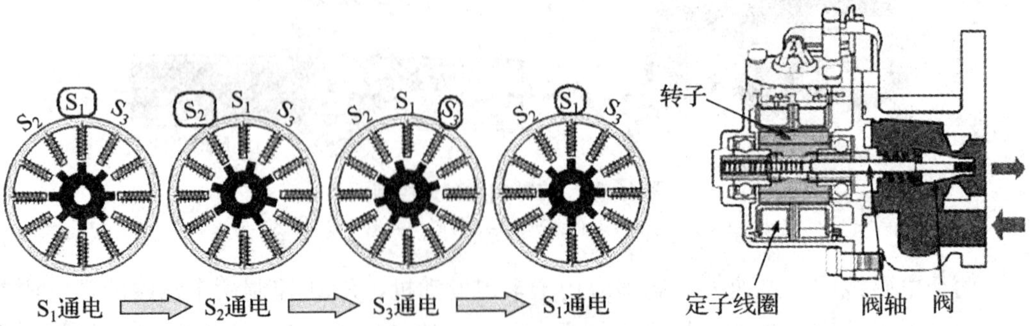

图4－25　六线式怠速控制阀原理

2. 怠速控制阀功能

怠速控制的功能是在保证发动机排放要求及稳定运转的前提下，尽量使发动机保持最低稳定转速，以降低发动机怠速工况时的燃油消耗。

汽车发动机的怠速工况是指节气门踏板完全放开，对外无功率输出，且能保持最低稳定转速，维持发动机不熄火的稳定运转工况。此时，空气通过节气门缝隙（节气门直动怠速控制）或旁通气道的怠速调节通道进入（节气门全闭状态下）。使汽车实施制动减速、临时停车及启动时，发动机均在怠速工况下工作。

发动机怠速转速过高，将使怠速工况燃料消耗增加，造成不必要的浪费，尤其是长期在城市道路上行驶的汽车，由于频繁地减速、停车、起步，约有 30% 的燃料消耗在怠速阶段，因此应尽可能降低怠速转速。而怠速转速过低，负载或阻力稍有变化将导致发动机运转不稳甚至熄火。现代轿车空调系统、自动变速器、动力转向系统的使用及电气负荷的增加、冷车启动运转等均是导致发动机怠速不稳定的因素。且汽车排放污染物 HC 和 CO 主要是在怠速阶段形成的，怠速越低，排放污染越严重。因此必须严格并精确控制怠速转速，现代轿车一般均将发动机怠速转速控制在 800 r/min 左右。

3. 怠速控制阀的检修

1） 步进电认机怠速控制阀检修方法

（1）将点火开关置于“ON”的位置，然后检查 ISC 阀连接器端子 B_1 和 B_2（B）与搭铁之间的电压，应为蓄电池的电压，否则应检查 EFI 主继电器。其控制电路如图4－26所示。

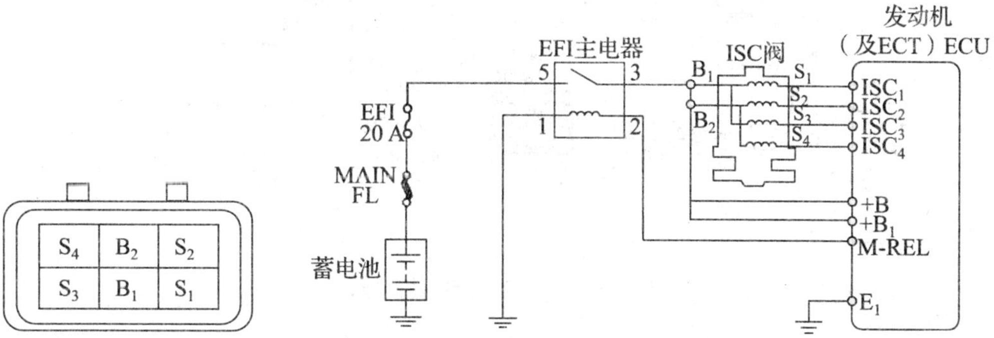

图 4－26　步进电机怠速控制阀控制电路

（2）拆下 ISC 阀连接器，测量 ISC 阀各端子之间的电阻，应符合表 4－3 所示的规定值，否则应予更换。

表 4－3　ISC 阀各端子之间的标准电阻值

管脚号	B_1—S_1	B_1—S_3	B_2—S_2	B_2—S_4
电阻 /Ω	10 ~ 30	10 ~ 30	10 ~ 30	10 ~ 30

（3）启动发动机再熄火时，2 ~ 3 s 内在怠速控制阀附近应能听到内部发出的“嗡嗡”响

声，否则应做进一步检查。

(4) 将蓄电池的正极接 B_1 和 B_2，负极依次接 $S_1 \to S_2 \to S_3 \to S_4$，阀芯应向外伸出；将蓄电池的正极接 B_1 和 B_2，负极依次接 $S_4 \to S_3 \to S_2 \to S_1$，阀芯应向内缩入。否则说明 ISC 阀已经损坏，应予更换。

2) 旋转电磁阀型怠速控制阀检修方法

(1) 拆下控制阀线束插接器，点火开关置"ON"，不启动发动机，在线束侧分别测量电源端子（+B）与搭铁间的电压，应为蓄电池电压，否则应检查主继电器。

(2) 发动机达到正常工作温度、变速器处于空挡位置时，使发动机维持怠速稳定运转，用短接线跨接诊断座上 TE_1 与 E_1 端子，发动机转速应保持在 1 000 ~ 1 200 r/min，5 s 后转速下降约 200 r/min。

(3) 拆下怠速控制阀上的线束连接器，在控制阀侧分别测量中间端子（+B）与两侧端子（ISC_1 和 ISC_2）的电阻，应为 18. 8 ~ 22 Ω。

三、活性炭罐电磁阀原理、功能及检测

1. 活性炭罐电磁阀原理

活性炭罐电磁阀原理如图 4-27 所示。

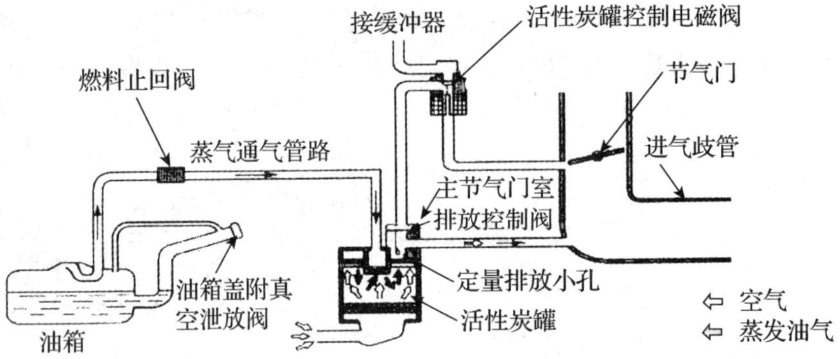

图 4-27 活性炭罐电磁阀原理

该阀体是燃油蒸发控制（EVAP）系统的重要组成部分之一，该系统工作过程是，燃油箱的蒸气经蒸气管进入活性炭罐，当满足一定条件（发动机温度高于规定值、怠速触点打开、发动机转速处于 2 000 r/min 以上）时，ECU 控制活性炭罐电磁阀打开，空气自碳罐底部进入，经活性炭罐、真空管、进入进气管。

活性炭罐电磁阀如图 4-28 所示。

图 4-28 活性炭罐电磁阀

2. 活性炭罐电磁阀功能

活性炭罐是用来吸附油箱中挥发的油气，其实就是节能环

保装置。如果没有活性炭罐装置，油耗要稍微高点。因为此装置会把吸附的油气送进进气道参与燃烧，这样能节约燃油。

3. 活性炭罐电磁阀检测

活性炭罐电磁阀检测如图 4－29 所示。

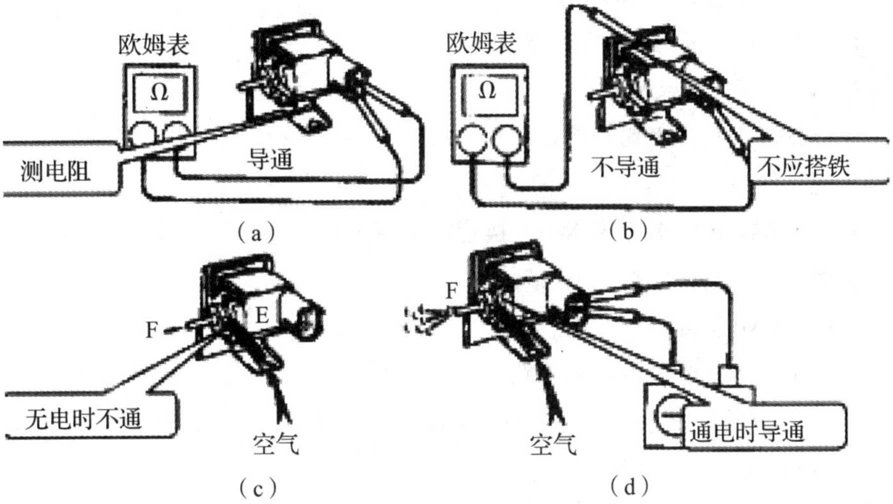

图 4－29　活性炭罐电磁阀检测

(a) 20 ℃时电阻值为 19～33　(b) 与壳体不导通　(c) 不通　(d) 通气顺畅

四、案例

故障现象： 一辆 2005 年帕萨特 B5 1.8T 自动挡车，带二次空气喷射系统。据司机反映，该车发动机热车有时不好着车，有时需要踩油门才能很困难地着车，同时感觉有异味，着车后发动机转速不稳定，需要踩几次加速踏板才好，冷车启动一切工常。司机先到一家 4S 店维修，在 4S 店试车时故障并没有出现，于是该 4S 店根据司机的叙述认为故障的原因是混合气偏浓，清洗了节气门体和喷油器，并更换了发动机供电继电器（429 号）。司机接车后开始几天车辆状况比较正常，但过了几天故障又再次出现。

故障诊断与分析： 接车后，首先进行试车，故障没有再出现，发动机运行良好，热车启动也非常顺利。看来这是一个软故障。连接 VAG1552（大众车系专用解码仪）故障诊断仪调取发动机系统的故障码，有两个故障码：16825 P0441 035 Tank breathing system flow rate faulty（燃油蒸发控制系统炭罐油气流量不正确）和 17544 P1136 035 Bank1 mixture adaption（add）system too lean /sp（混合气自适应过稀/偶发）。清码后再次试车，故障码没有再现。但是，司机的叙述明明是热车启动时混合气偏浓，怎么发动机电脑会报出混合气稀的故障码呢？先从第一个故障码入手分析。故障码提供的信息比较笼统，并没有直接给出什么元件故障，只是提出了一个维修的方向，进一步查阅维修资料时也没有关于 P0441 的解释。网上进行查询，在搜索引擎输入“16825 P0441”后，却都没有给出解决方案。查询英文网站，发现了几个有价值的信息，其中一个信息是对出现该故障码可能的故障原因进行了解释，并提出了排除方向，引用内容如下：

（1）EVAP 炭罐电磁阀 N80 故障/阻塞；

（2）EVAP 炭罐电磁阀 N115 故障/阻塞；

（3）EVAP 炭罐密封故障；

（4）炭罐到节气门体之间的管路泄露/阻塞。

解决方法：

（1）检查 EVAP 炭罐电磁阀 N80，执行输出测试；

（2）检查 EVAP 炭罐电磁阀 N115；

（3）检查 EVAP 炭罐；

（4）检查 EVAP 到节气门体的管路。

另一个网站的信息则提出当出现 16825 P0441 故障码后，往往伴随出现 17544 P1136，但并没说为什么会这样。

虽然没有找到故障码 P0441 的置码条件，但根据网站提供的信息以及从故障码字面含义的理解，问题应该出在炭罐电磁阀对燃油蒸气流量的控制或者燃油蒸气流通管路是否泄漏上，因此从以下方面入手排除故障：

（1）读取氧传感器数据流；

（2）监测发动机在不同转速下的真空度；

（3）检查炭罐电磁阀 N80 功能及其连接软管。

故障排除方法：

首先连接诊断仪进入 01－08－033 发动机系统读取前氧传感器数据，发现在热车怠速（水温 95 ℃，进气温度 55 ℃，发动机转速 760～800 r/min）时氧传感器电压值一直在 1.54～1.58 V，相对应的短期修正也在 2%～9%，这说明此时混合气亦有可能处于一种比较稀的状态。再进入 030 通道，查看怠速和负荷状态下的长期修正值都是 0%，这说明混合气稀的程度并不是很严重，还没有到需要进行长期修正的必要。随后又看了一下空气流量计的数据，在热车怠速时为 2.6 g/s，数据处于正常值的下限，再看此时的节气门位置为 12%，数据正常。根据以上数据，确定有一股未经流量计计量的空气在进入发动机，但量应该不是很大。随后测量发动机在热车怠速时的真空度为 18.5～19 inHg（为 62.6～64.3 kPa），空负荷 2 000 r/min 时真空度没有下降。从真空度数据看发动机进气系统好像没有漏气的地方。看来问题不是出在流量计后方的哪根通气管上。那么是什么原因导致氧传感器识别出混合气稀呢？再检查炭罐电磁阀 N80 功能。使用诊断仪进入 01－03 对发动机执行器进行驱动试验。首先驱动的就是炭罐电磁阀 N80，此时可以听到由于燃油泵供油而出现的油流动的声音，这是因为 N80 的供电是由燃油泵继电器负责的，检测 N80 功能时燃油泵继电器自然要参与工作。但此时 N80 并没有发出期望的“嗒嗒”声，将 N80 的插头拆下，直接用试灯（最好用车辆小灯灯泡做的试灯，不要用二极管试灯）将接线端的两个插脚短接，再次进行驱动试验，此时试灯一闪一闪，说明 N80 供电及驱动电路功能正常，问题出在 N80 上。将 N80 电磁阀拆下，用嘴一吹发现电磁阀的两端是通的，这说明 N80 电磁阀卡在了开启位置。更换 N80 电磁阀后将车辆交与司机试车。一个月后再次询问司机，故障没有出现。至此故障排除。

五、喷油器原理、功能及检测

1. 喷油器的原理

汽油喷射系统的基本原理如图 4 - 30 所示。发动机的负荷、进气量、速度、温度等参数经传感器采集输送到控制器（ECU），控制器计算后输出信号到喷油器，喷油器按控制器的要求实施喷油。

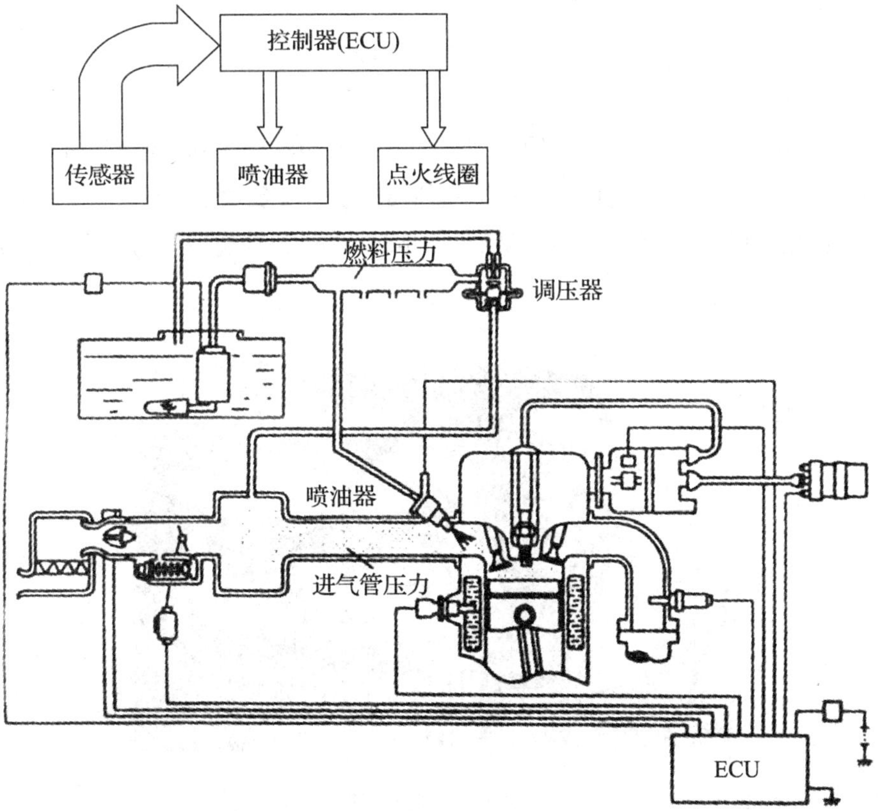

图 4 - 30　汽油喷射系统基本原理

2. 喷油器的分类

按喷油器线圈电阻值的大小，喷油器分为低电阻喷油器（2 ~ 3 Ω）和高电阻喷油器（12 ~ 17 Ω）。喷油器的电阻值不同，其驱动电路也不同，驱动电路有电压驱动和电流驱动两种。

汽油喷射系统中喷油器（见图4 - 31）是执行部件，起着至关重要的作用。Bosch 公司的 EV1 喷油器，在市场上长期占居领先地位，受到用户的广泛好评。20 世纪 90 年代，Bosch 公司研制成功 EV6 喷油器，逐步取代了 EV1 喷油器。随着汽油机缸内喷射系统（GDI）的问世和发展，Bosch 公司的 HDEV 喷油器不断发展和完善，已成为新一代极具发展潜力的产品。

图 4 - 31　喷油器

3. 喷油器的喷射原理

汽油喷射系统的燃油泵将燃油输送到喷油器，喷油器接收到控制器（ECU）脉冲信号在线圈中产生电磁力，在电磁力作用下喷油器开启，实现喷油（见图 4 - 32）。由于汽油机工作转速达每分钟几千转，因此喷油器的喷油时间是以毫秒计的，汽油机喷油器实质上是一种高频电磁阀。

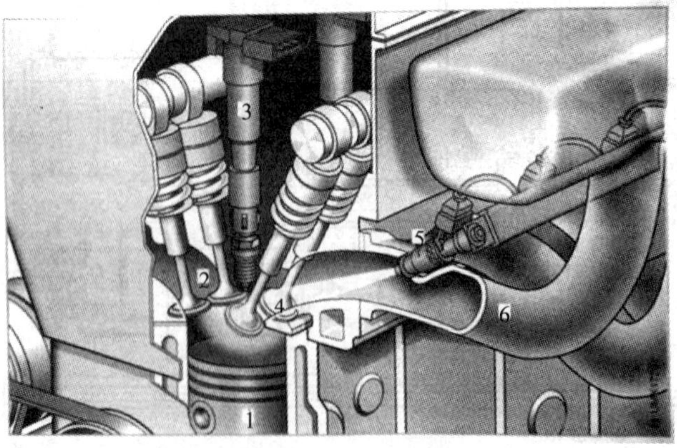

图 4 - 33　喷射原理

1—带有活塞的汽缸；2—排气阀；3—带有火花塞的点火线圈；4—进气阀；5—喷射器；6—进气歧管；

不同发动机对于喷油油束的形状有不同的要求。喷油器头部不同的结构能产生不同锥角和分叉的油束，如图 4－33 所示。

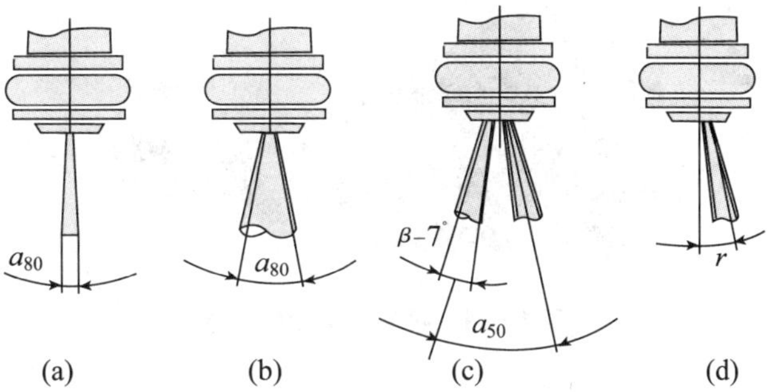

图 4－34　不同形状油束

(a) 笔式喷射　(b) 锥形喷射　(c) 双束喷射　(d) 喷射偏斜角

a_{80}—80°% 的喷射燃油位于角度定义的范围内；a_{50}—50% 的喷射燃油位于角度定义的范围内；β 在单个喷射中 70% 的喷射燃油位于角度定义的范围内；r—喷射偏斜角

发动机工作时，燃油的雾化质量对于发动机性能影响很大。

对于进气道喷射，汽油与空气混合的理想状态是：汽油在进气道中已部分汽化并混合，进气门打开后进入气缸，燃烧开始时，汽油完全汽化。

汽油汽化的程度与喷雾中液滴尺寸、液滴密度分布有关。燃油喷射后能生成细小的油滴群，这样，汽油油滴蒸发汽化面积得以增加，燃烧率得到提高。例如，3 mm 的油滴雾化成 0.03 mm，燃烧率可增加 10 000 倍。油滴细化程度大致与喷射压差、喷孔面积、喷油率、空气密度、燃料密度、燃料黏度等因素有关。

喷油器关闭时必须将泄漏量控制在十分低的水平。泄漏量常用一定压力下单位时间内泄漏值表征。

4. 喷油器的功能

喷油器是将汽油泵提供的压力油按发动机 ECU 的指令准时、准量地喷入进气道或直接喷入气缸中，与进入气缸的气体形成符合发动机工况的可燃混合气。

5. 喷油器的检测

1）就车检查

发动机工作时，用听诊器或接触杆接触喷油器，用耳朵来听听诊器或接触杆另一端，可以听见喷油器开启关闭的嗒嗒响声，且与发动机的转速成正比，声音不正常时，需检查 ECU 的控制脉冲信号插接头是否连接可靠，有无断路短路故障。

2）喷油器电阻值检查

关闭点火开关，拔下喷油器插头，用万用表测量喷油器电阻值（见图 4－34，测量两管脚间的电阻值），电阻值应符合喷油器的标准值。

图 4-34　喷油器电阻值检查

6. 喷油器的主要故障及维修

1）喷油器常见故障

Ⅰ. 电磁式喷油器常见的故障

（1）喷油嘴积炭堵塞而造成泄漏或喷射状况不良。

（2）电磁线圈损坏而不能工作。

当喷油器出现故障后，会造成发动机不能启动、运转不平稳、排气有喘振、冒黑烟、热车难启动、动力不足等故障。

Ⅱ. 喷油器的诊断

（1）根据发动机运转情况，即怠速时，发动机运转不平稳，排气有喘振现象，动力不足，说明喷油器有堵塞的可能。

（2）逐个给喷油器加 12 V 电压（脉冲式），不允许按住不放（不超过 1 s），否则易烧毁喷油器，喷油后，油压下降，说明没堵。

（3）听响声看喷射状况，良好的喷油器喷射雾化好，且声响干脆，否则说明工作不良。

Ⅲ. 喷油器漏诊断检测

（1）根据发动机的工作情况，若冒黑烟，冷车不易启动，说明喷油器密封不严，有泄漏。

（2）拆下喷油器，察看喷油泄漏情况。一般来说，当系统油压正常时，喷嘴应呈湿润状，而无滴油发生；喷油嘴的泄漏不能超过每分钟一滴，否则说明喷油器堵塞而造成泄漏，应进行清洗或更换。

Ⅳ. 喷油器电磁线圈电阻值的检测诊断

用万用表测电磁线圈的电阻，高电阻喷油器电阻为 12 ~ 17 Ω，低电阻喷油器电阻为 2 ~ 3 Ω，一台发动机上使用的喷油器类型应是一样的。若阻值不在规定范围内，说明喷油器电磁线圈损坏，必须更换喷油器。

2）喷油器的维修方法

（1）对于拆下的喷油器，再用万用表检测电磁线圈电阻，如果确认短路或断路后，应更换新件。

（2）对于喷油器堵塞、喷油不畅的故障，可在喷油量测试仪上测试喷柱的形状和实际喷油量。

（3）对于喷孔堵塞的喷油器，可在超声波清洗机或其他形式清洗机上清洗。

（4）清洗后重新检查喷柱的形状和喷油量。

（5）用维修好的喷油器或更换新的喷油器重新装机。

（6）装好与喷油器有关的机械部分和电控部分，检查无误后，再启动发动机进行调试。

六、案例

故障现象：一辆桑塔纳选三轿车，该车未改装燃气。洗完车后行驶了7 km左右后，自行熄火再也不能启动着车。

故障诊断与分析：接车后根据汽油机着车三要素、先简后难、先外后内的原则进行了高压电跳火性能的检测，检测结果正常。而后往进气道中喷射化清剂，启动发动机，发动机顺利着车。由此判断应该为油路故障，检查油泵有无工作，钥匙打开后，油泵有工作的声音，由此判断油泵工作正常。接下来就应该是喷油器不工作造成的该故障，检查喷油器上的脉冲信号，发现仅有3.4 V左右的电压，且试灯不能点亮，此处应该是12 V的电瓶电压。此现象说明喷油器电路有漏电现象，而且是虚电。于是检查保险丝是否完好，因为此种情况很可能是线与线之间短接造成的。所以依据先简后难的原则，发现保险丝已烧断，更换保险丝后，试车，启动着车的同时保险丝又被烧断，同时发动机熄火。由此判断，喷油器控制线路有短路问题，此时检查喷油器控制线路，在发动机缸盖下方找到了问题，发现喷油器线路有一道很整齐的绝缘皮破裂现象，将绝缘皮破裂处包裹好后，换上保险丝，重新试车，故障解除。

七、点火器原理、功能及检测

电控点火系统一般由电源、传感器、ECU 、点火器、点火线圈、分电器和火花塞组成，如图4－35所示。

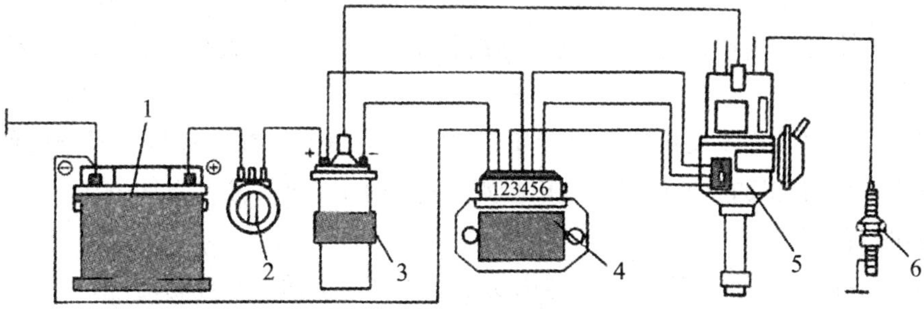

图4－35　桑塔纳轿车霍尔式电子点火系统

1—蓄电池；2—点火开关；3—点火线圈；4—点火器；5—带霍尔信号发生器的分电器；6—火花塞

1. 电控点火系统的基本组成及功能

(1) 电源：一般由蓄电池和发电机共同组成，主要是给点火系统提供所需的电能。

(2) 传感器：用于检测发动机各种运行参数，为 ECU 提供点火控制所需的信号。

(3) ECU：电控点火系统的中枢。

(4) 点火器：电控点火的执行元件，用来控制点火线圈初级绕组的通断电。

(5) 点火线圈：储存点火所需的能量，并将电源提供的低压电转变为足以击穿电极的高压电电火花，其电压值可达 15 ~ 20 kV 。

(6) 分电器：根据发动机点火顺序，将点火线圈产生的高压电通过分缸高压线依次分配给各缸火花塞。

(7) 火花塞：利用点火线圈产生的高压电产生点火花，点燃气缸内的混合气。

2. 电控点火系统的控制原理

发动机工作时，ECU 根据接收到的各传感器信号，按存储器中存储的有关程序和数据，确定出最佳点火提前角和通电时间，并以此向点火器发出指令。点火器根据指令，控制点火线圈初级电路的通断。当电路导通时，有电流从点火线圈中的初级电路通过，点火线圈将点火能量以磁场的形式储存起来。当初级电路被切断时，次级线圈中产生很高的感应电动势（15 ~ 20 kV ），经分电器或直接送至工作气缸的火花塞。

在电控点火系统中，以凸轮轴位置传感器产生 G 信号和曲轴位置传感器产生的 Ne 信号作为主控制信号，以 G 信号为基准，按 1°曲轴转角分频，用既定的曲轴角度产生点火控制信号（IGT 信号），如图 4 - 36 所示。

(1) G 信号：指活塞运行到上止点位置的判别信号，它是根据凸轮轴位置传感器产生的信号经过整形和转换而获得的脉冲信号。

发动机工作时，ECU 根据 G 信号可准确地计算出曲轴每转 1°所用的时间，并根据其他传感器输入信号，ECU 按其内存的控制模型确定点火提前角和点火线圈的通电时间。

(2) Ne 信号：指发动机的曲轴转角信号，它是根据曲轴位置传感器产生的信号经过整形和转换而获得的脉冲信号。在电控点火系统中，Ne 信号主要是用来计量点火提前角和通电时间。

(3) IGT 信号：是 ECU 向点火器中功率晶体管发出的通断控制信号。

(4) IGF 信号：是完成点火后，点火器向 ECU 输送的点火确认信号，也被称为点火反馈信号。

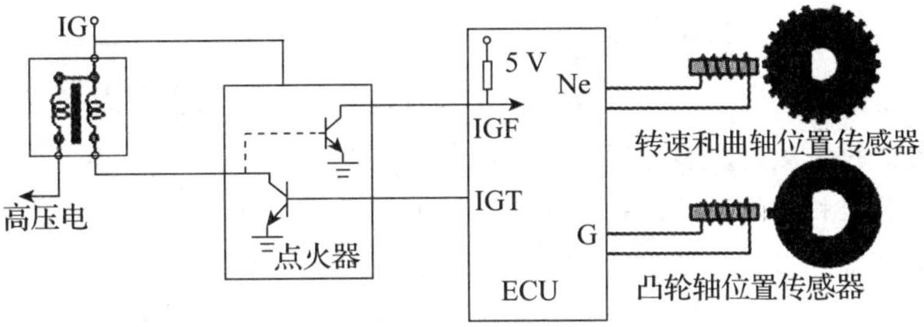

图 4－36　电控点火系统的控制原理

3. 点火器的功能

点火器根据发动机的工作需要，按照 ECU 的指令，适时控制点火线圈初级绕组回路的接通或断开，使点火线圈次级绕组产生高压电，输送给火花塞点燃气缸内的混合气，并在完成点火后向 ECU 输送点火确认信号。

4. 点火器的检查

案例 1

故障现象：奥迪 100 型轿车不能启动，一辆奥迪 100 型轿车，装备化油器式发动机，其电子点火系统采用霍尔效应式点火信号发生器，在一次行驶途中发动机熄火后不能启动。

故障诊断与分析：点火系统不点火、燃油供给系统不供油或供油不畅均有可能导致发动机不能启动，据询问车主，该车是在行驶途中突然熄火的，因此点火系统故障的可能性大。

首先从分电器端拔出中央高压线，通过启动机带动发动机做高压跳火试验，结果为无高压火；拔下分电器的三线插接器，用一根导线将信号线短暂搭铁（见图 4－37）看距缸体 8 mm 左右的中央高压线端跳火情况，结果为不跳火，这说明点火线圈或电子点火器有故障。

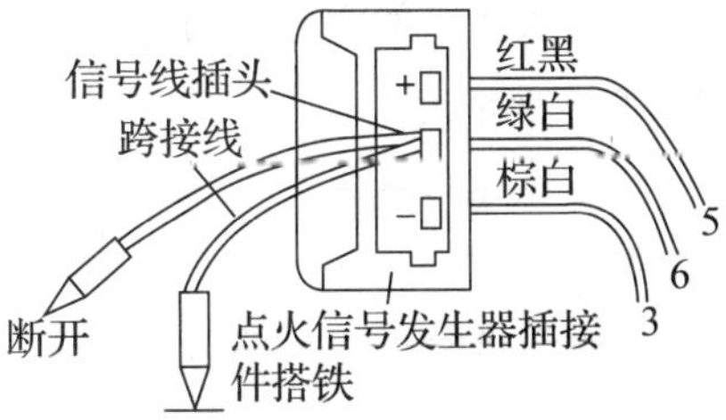

图 4－37　奥迪轿车旁通点火信号发生器的检查方法

3、6、5—与电子点火器所连接的端子号

拆下点火线圈，用万用表检查点火线圈的电阻，测得初级绕组的电阻为 0.65 Ω，次级绕组的电阻为 3.01 kΩ，在正常范围之内；于是就怀疑是电子点火器有故障，更换了电子点火器，但发动机仍然不启动。新更换的电子点火器不可能马上就损坏，那就是点火线圈有故障了。

故障排除：更换了新的点火线圈，发动机可启动，且运转正常，故障排除。

案例 2

雷克萨斯 LS400 无法启动，配置 1UZ－FE 型发动机，采用电子点火系统。

故障现象：据驾驶员介绍最近出现启动困难故障，后来越来越严重，直到最后不能启动。

故障诊断与分析：对故障症状进行确认，启动机可以带动曲轴旋转，发动机转速足够，但没有着车迹象。检查点火正时，点火正时没有问题。检查点火线圈，结果有高压电。拆开发动机的供油管，启动试车，供油管没有燃油流出，说明燃油泵没有工作。检查燃油泵继电器及相关保险丝，结果燃油泵继电器正常，保险丝没有烧断或接触不良现象。打开后备箱盖，用外接电源向燃油泵供电，可听到燃油泵的运转声，此时发动机的供油管有燃油流出，说明故障在燃油泵的控制电路。对燃油泵的电源线和接地线进行检查，发现电源线没有工作电压，接地线则搭铁良好。反复打开、关闭点火开关，可以听到燃油泵继电器（位于发动机舱右前侧，有黄色罩盖，靠近两个电子点火器）的吸合声，说明该继电器工作正常。在点火开关打开的情况下，测量燃油泵继电器的针脚电压，结果继电器电源端针脚有电，燃油泵供电针脚无电。仔细检查燃油泵继电器，发现有一个针脚松动，而且线束插接的针脚有锈蚀，清除线束插接件的锈迹，更换燃油泵继电器试车，燃油泵工作正常，但还是不着车。再次进行检查，发现仪表上的发动机故障灯闪亮，决定调取故障码。关闭点火开关，打开发动机中部的诊断座盖，短接 TE1 和 E1 针脚，打开点火开关，通过发动机故障灯的闪烁情况来读取故障码，结果故障码为 14、15 和 24。考虑到其中可能有记忆性故障码，于是拔下 EFT 保险丝进行清码，之后再重新读取故障码，只剩下故障码 15，为 2 号点火器与发动机 ECU 之间的控制信号不良，IGFI 信号未能送到发动机 ECU，根据故障码 15 提供的信息，重新进行跳火试验，发现发动机右侧的点火线圈没有高压火，发动机左侧的点火线圈有高压火。检查两个分电器没有异常现象。对调两个点火线圈，1 号和 2 号点火器，始终是发动机右侧没有高压火而左侧有高压火，说明两个点火线圈、1 号和 2 号点火器本身没有问题。在前乘客脚踏板处找到发动机 ECU，从外观上看无异常之处，其壳体与车体的搭铁很可靠。检查内部电路板，没有损坏的迹象，因此发动机 ECU 损坏的可能性不大。检查 2 号点火器的 IGFI 针脚导线，没有断路或虚接现象，继续检查 2 号点火器与 2 号点火线圈之间的连线，发现在高压线集线板下方，两者之间的导线破损严重，其中有一根电线几乎完全断开。

故障排除：对线路进行修复，然后启动车辆，发动机顺利运转起来。进行路试，一切正常，故障彻底排除。

八、其他电磁阀介绍

到目前为止，国内外的电磁阀从原理上分为三大类（即直动式、分步式、先导式），而从阀瓣结构和材料上的不同与原理上的区别又分为六个分支小类：直动膜片结构、分步重片结构、先导膜式结构、直动活塞结构、分步直动活塞结构、先导活塞结构。此处只介绍直动式和分步式电磁阀。

1）直动式电磁阀

（1）原理：通电时，电磁线圈产生电磁力把关闭件从阀座上提起，阀门打开；断电时，电磁力消失，弹簧把关闭件压在阀座上，阀门关闭。

（2）特点：在真空、负压、零压时能正常工作，但通径一般不超过25 mm。

2）分布直动式电磁阀

（1）原理：它是一种直动和先导式相结合的原理，当入口与出口没有压差时，通电后，电磁力直接把先导小阀和主阀关闭件依次向上提起，阀门打开。当入口与出口达到启动压差时，通电后，电磁力先导小阀，主阀下腔压力上升，上腔压力下降，从而利用压差把主阀向上推开；断电时，先导阀利用弹簧力或介质压力推动关闭件，向下移动，使阀门关闭。

（2）特点：在零压差或真空、高压时亦能可靠动作，但功率较大，要求必须水平安装。

任务实施　对实车进行如下检测。

1. 完成科鲁兹发动机喷油器（见图4－38）的各项检查，并填写表4－4所示作业表。

图4－38　科鲁兹发动机喷油器

表4－4　作业表

喷油器	一缸	二缸	三缸	四缸
电阻值				
电压值				
脉冲信号（有/无）				

2. 完成实训车丰田卡罗拉点火系统中点火器（见图4－39）的各项检查，并填写表4－5所示作业表。

4－5　作业表

管脚号	1—2	1—3	1—4	2—3	2—4	3—4
电压						
电阻						

图 4-39　丰田卡罗拉点火器

脉冲信号（有/无）						

3. 完成火花塞跳火检验，并填写表 4-6。

表 4-6　火花塞跳火检验

气缸序号	一缸	二缸	三缸	四缸
火花塞外观检测				
火花塞是否跳火				
火花塞跳火颜色				

任务小结及任务检验

任务小结

电控发动机执行器严格按照 ECU 输出的控制指令完成具体的操作动作，将参量迅速调整到设定值，使控制对象在设定状态下工作。按其功能的不同其分类也各异。

本任务学习中，重点掌握执行器的检测方法，运用合适方法将会使所做工作事半功倍。

任务检验

一、选择题

1. 将电动汽油泵置于汽油箱内部的目的是（　　）。

A. 便于控制　　B. 降低噪声　　C. 防止气阻

2. 当结构确定后，电磁喷油器的喷油量主要决定于（　　）。

A. 喷油脉宽　　B. 点火提前角　　C. 工作温度

3. 启动发动机前如果点火开关位于“ON”位置，电动汽油泵（　　）。

A. 持续运转　　B. 不运转

C. 运转 10 s 后停止　　D. 运转 2 s 后停止

4. 发动机关闭后（　　）使汽油喷射管路中保持残余压力。

A. 电动汽油泵的过载阀　　B. 汽油滤清器

C. 汽油喷射器　　D. 回油管

E. 以上都正确　　F. 以上都不正确

5. 某汽油喷射系统的汽油压力过高，以下哪项正确？（　　）

A. 电动汽油泵的电刷接触不良　　B. 回油管堵塞

C. 汽油压力调节器密封不严　　D. 以上都正确

6. 当节气门开度突然加大时，燃油分配管内油压（　　）。

A. 升高　　B. 降低

C. 不变　　D. 先降低再升高

7. 在多点电控汽油喷射系统中，喷油器的喷油量主要取决于喷油器的（　　）。

A. 针阀升程　　B. 喷孔大小

C. 内外压力差　　D. 针阀开启的持续时间

8. 关于点火控制电路维修下列说法正确的一项为（　　）。

A. 发动机怠速时，检查点火器“IGT”端子与搭铁之间应无脉冲信号

B. 发动机怠速时，检查点火器“IGT”端子与搭铁之间应有脉冲信号

C. 怠速时检查 ECU 的“IGF”端子与搭铁之间应无脉冲信号

D. 点火开关接通后，用万用表检查点火线圈的“＋”与搭铁之间的电压应为 5 V

9. 发动机工作时的燃油量是（　　）。

A. 喷油器喷油量　　B. 燃油泵供油量

C. 来自燃油箱的蒸发控制燃油蒸气量　　D. A＋B

10. 废气再循环的作用是抑制（　　）的产生。

A. HC　　B. CO

C. NO_x　　D. 有害气体

11. 在（　　）时废气再循环控制系统不工作。

A. 行驶　　B. 怠速

C. 高转速　　D. 热车

12. 电控燃油喷射发动机燃油系统压力，多点喷射系统的一般为（　　）。

A. 7～103 kPa　　B. 7～690 kPa

C. 62～69 kPa　　D. 207～275 kPa

13. 下列哪个因素不会引起燃油压力过低？（　　）

A. 燃油泵连接件松动　　B. 燃油泵压力调节器出故障

C. 燃油泵膜片不合格　　D. 燃油泵入口有阻塞

14. 以下各喷油器故障除一项外均能造成复合式车辆怠速不稳，是哪一项？(　　)

A. 喷油器电路断路　　B. 节气门位置传感器失效

C. 喷油器卡住并保持在开启状态　　D. 进气歧管有真空泄漏

15. 在速度密度型的喷油系统中，对喷油器的接通时间或喷油持续期影响最大的传感器是：(　　)。

A. 质量空气流量传感器　　B. 进气歧管绝对压力传感器

C. 氧传感器　　D. 发动机冷却液温度传感器

16. 技术员甲说调节发动机怠速的方法是调节发动机上的怠速调节螺钉或怠速电磁阀以调节节气门的关闭程度；技术员乙说发动机怠速改变后，节气门怠速开度传感器必须加以调整。谁正确？(　　)

A. 只有甲正确　　B. 只有乙正确

C. 两人均正确　　D. 两人均不正确

17. 温度仪表不准确，技术员甲说，故障可能是仪表或发送装置故障所致；技术员乙说，故障可能是仪表电压调节器故障所致。谁正确？(　　)

A. 只有甲正确　　B. 只有乙正确

C. 两人均正确　　D. 两人均不正确

二、判断题

1. 在电控燃油喷射系统中，喷油量控制是最基本也是最重要的控制内容。(　　)
2. 点火控制系统还具有通电时间控制和爆燃控制功能。(　　)
3. ECU 收不到点火控制器返回的点火确认信号时，失效保护系统会停止燃油喷射。(　　)
4. 内置式电动燃油泵多采用滚柱式，外置式电动燃油泵则多采用涡轮式。(　　)
5. 电流驱动方式只适用于低阻值喷油器。(　　)
6. 在喷油器的驱动方式中，电压驱动高阻抗喷油器的喷油滞后时间最短。(　　)
7. 喷油量控制是电控燃油喷射系统最主要的控制功能。(　　)
8. 喷油器的实际喷油时刻比 ECU 发出喷油指令的时刻要晚。(　　)
9. 发动机启动时的喷油量控制和发动机启动后的喷油量控制的控制模式完全相同。(　　)
10. 发动机启动后的各工况下，ECU 只确定基本喷油时间，不需要对其修正。(　　)
11. 当喷油器断电的时候也就停止了喷油。(　　)
12. 分组喷射方式中，发动机每一个工作循环中，各喷油器均喷射一次。(　　)
13. 单点喷射采用的是分组喷射方式，也称独立喷射方式。(　　)
14. 电动油泵中的单向阀能起到一种保护作用，当油压过高时能自动减压。(　　)
15. 发动机启动时，按 ECU 内存储的初始点火提前角对点火提前角进行控制。(　　)

16. 无分电器点火系统采用小型闭磁路的点火线圈是自感式线圈。(　　)

17. ECU 根据计算出的曲轴每转 10°所用时间，确定 G 信号后点火线圈初级电路通电与断电时刻。(　　)

18. 在电控点火系统中，Ne 信号主要用来计量点火提前角的通电时间。(　　)

19. 在桑塔纳时代超人车无分电器点火系统中，1、4 缸共用一个点火线圈。(　　)

20. 当点火系统发生故障造成不能点火时，失效保护系统使 ECU 立即切断燃油喷射。(　　)

21. EGR 系统会对发动机的性能造成一定的影响。(　　)

任务五

电控发动机中央控制单元的认知与检测

任务背景介绍

ECU（电子控制单元）是汽车发动机的重要电子控件，当发动机出故障时，如果受其控制的执行器及线路，给其传输信号的传感器及线路，未发现有故障时，此时的故障很可能就出在 ECU 上。此时我们就需要对 ECU 进行检测，来找到具体的故障点。

任务目标

1. 掌握 ECU 安装位置的一般规律。
2. 掌握 ECU 的功能。
3. 了解 ECU 的构造与工作原理。
4. 掌握使用万用表对 ECU 进行检测的方法。

子任务一　ECU 的认知

任务导入

对实车利用解码仪读取发动机主要数据流（发动机转速、冷却液温度、点火提前角、喷油脉宽、空气流量、节气门开度）。

相关知识准备

一、ECU 功能

如图 5-1 所示，电控发动机中央控制单元（ECU）的主要功能是：接收传感器传递的信息，依据 ROM 中的存储标准参数进行分析比较计算，得出一组合理的处理结果，再以电信号的形式发送给相应的执行器。若 ECU 接收不到传感器的电信号或对执行器发布的命令不能被执行时，ECU 中的 RAM 就会接收到 ECU 发来的命令记录故障信息，并且反映到仪表上告诉驾驶者或维修人员此时发动机有故障。在整个信息交流的过程中，有一组关键的部分，即 A/D 转换器，也就是模数转换器，将采集到的模拟信号转变为数字信号给 ECU 中的处理单元使用。

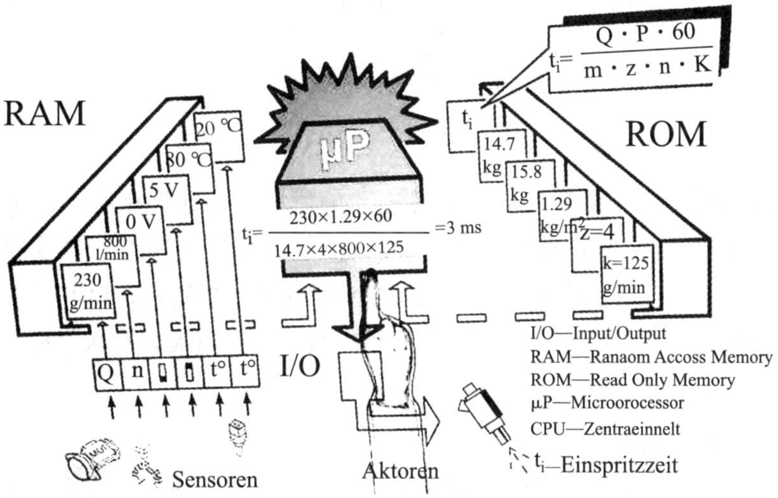

图 5－1　ECU 主要功能

汽车发动机电子控制单元是汽车发动机控制系统的核心，它可以根据发动机的不同工况，向发动机提供最佳空燃比的混合气和最佳点火时间，使发动机始终处在最佳工作状态，发动机的性能（动力性、经济型、排放性）达到最佳。

汽车发动机电子控制单元的控制形式有以下六种。

1. 燃油喷射控制

1）喷油量控制

发动机控制器将进气量和发动机负荷作为主要控制信号，以确定喷油脉冲宽度（即基本喷油量），并根据冷却液温度、进气温度、进气压力、尾气氧含量等信号修正喷油量，最后确定总喷油量。

2）喷油正时控制

采用多点顺序燃油喷射系统的发动机，ECU 除了控制喷油量外，还要根据发动机各缸的点火顺序，将喷油时间控制在最佳时刻，以使燃油充分燃烧。

3）断油控制

（1）减速断油控制：汽车在正常行驶中，驾驶员突然松开油门踏板时，ECU 自动中断燃油喷射，直至发动机转速下降到设定的低转速时再恢复喷油。

（2）超速断油控制：当发动机转速超过安全转速或汽车车速超过设定的最高车速时，ECU 自动中断喷油，直至发动机转速低于安全转速一定值且车速低于最高车速一定值时恢复喷油。

4）燃油泵控制

当打开点火开关后，ECU 控制燃油泵工作 3 s 左右，用于建立必要的油压。若此时发动机不启动，ECU 控制燃油泵停止工作。在发动机启动和运转过程中，ECU 控制燃油泵正常运转。

2. 点火控制

1）点火提前角控制

发动机运转时，ECU 根据发动机的转速和负荷信号，计算相应工况下的点火提前角，并根据发动机的冷却液温度、进气温度、节气门位置、爆震信号等修正点火提前角，最后得到一个最佳的点火正时。在点火正时前的某一预定角，ECU 控制点火线圈的初级通电，在到达点火正时角时，ECU 切断点火线圈初级电流并在次级线圈中感应出高压电使相应气缸的火花塞跳火，点燃混合气。

2）通电时间（闭合角）控制

点火线圈初级电路在断开时需要保证足够大的电流，以使次级线圈产生足够高的电压。与此同时，为防止通电时间过长而使点火线圈过热损坏，ECU 根据蓄电池电压及发动机转速等信号，控制点火线圈初级电路的通电时间。

3）爆震控制

ECU 接收到爆震传感器输入的信号后，对该信号进行处理并判断是否即将产生爆震。当检测到爆震信号后，ECU 立即推迟发动机点火提前角，避免爆震产生。

3. 怠速控制

对于怠速控制阀式的怠速控制系统，ECU 根据怠速开关闭合信号判断发动机工作在怠速工况。当发动机处于怠速工况时，ECU 根据怠速节气门电位计的输出信号和发动机转速与目标转速之差决定怠速电动机的旋转方向和旋转角度，调节怠速通道的开度，从而改变发动机怠速时的转速，使其逼近目标转速。当发动机处于怠速工况时，若发动机负荷增大（如空调压缩机启动），ECU 控制怠速电机调节怠速节气门开度来提高发动机转速，防止发动机熄火。

对于节气门直动式怠速控制系统，当发动机实际转速低于目标转速时，电动机正转，电动机轴通过齿轮机构将节气门打开一个微小的开度，增加发动机进气量，使发动机转速增加；当发动机实际转速高于目标转速时，电动机反转，将节气门关闭一微小的开度，减少发动机进气量，使发动机转速降低，逐渐逼近目标转速。

4. 排放控制

1）汽车尾气排放污染控制

在汽车发动机的排气管上安装三元催化转换器可净化尾气中的 CO、HC、和 NO_x 三种有害气体成分，但三元催化转换器只能在空燃比接近理论值（$A/F=14.7:1$）的范围内起作用。在排气管中安装氧传感器，它可通过检测尾气中氧的含量来获取混合气空燃比的高低。

ECU 根据氧传感器输入的信号，对喷油量进行修正，实现空燃比的反馈控制，使混合气的空燃比接近理论空燃比，三元催化转换器能更有效地起净化作用，使有害气体的排放量降到最低，使其达到汽车尾气排放。

欧Ⅲ标准：HC≤0.66%，CO≤2.1%，NO_x≤5%，微粒≤0.1%。

2）废气再循环控制

当发动机的废气排放温度达到一定值时，ECU 根据发动机的转速和负荷信号，控制废气再循环阀的开启动作，使一定数量的废气进行再循环，以降低排气中 NO_x 的排放量。

3）活性炭罐电磁阀控制

ECU 根据发动机水温、转速和负荷等信号，控制活性炭罐电磁阀的开启工作，将活性炭吸附的汽油蒸气吸入进气管，进入发动机燃烧，降低汽油蒸气排放。

5. 自诊断与报警

1）故障报警

当发动机电子控制系统出现故障时，ECU 点亮仪表盘上的故障指示灯，提醒驾驶员发动机已出现故障，应立即检查维修。

2）故障记录

当发动机电子控制系统出现故障时，ECU 将故障以代码的形式存储在 ECU 的 RAM 存储器中，维修人员通过故障诊断插座，使用专用故障诊断仪调出故障信息或采用人工读码，通过故障指示灯的闪烁情况确定故障信息。

3）备用运行功能

若汽车出现了故障就立即关闭电子控制系统，会给驾驶员带来很大的麻烦，为此发动机控制系统设有备用运行功能，以协助驾驶员将汽车开到汽车维修站。备用运行功能只有在发动机电子控制部分出现故障时才启用，此时正常运行功能被关闭，ECU 用存储器中预先设定的参数代替传感器检测的信息来控制发动机，使发动机继续运行。如果故障被排除，正常功能立即投入使用，备用运行功能自动关闭。

6. CAN 总线接口

发动机 ECU 预留 CAN 通信接口，以便与车内其他电子控制单元通过 CAN 总线方式进行数据通信，形成车内局域网。目前该技术已开始被广泛推广。

二、ECU 原理介绍

ECU 又称“行车电脑”“车载电脑”等。从用途上讲则是汽车专用微机控制器，也叫汽车专用单片机。它和普通的单片机一样，由微处理器（CPU），存储器（ROM、

RAM)，输入输出接口（I/O），数模转换器（A/D）以及整形、驱动等大规模集成电路组成。ECU 的功用是根据其内存的程序和数据对空气流量计及各种传感器输入的信息进行运算、处理、判断，然后输出指令，向喷油器提供电脉冲信号以控制喷油量。ECU 由微型计算机、输入、输出及控制电路等组成，如图 5－2 所示。

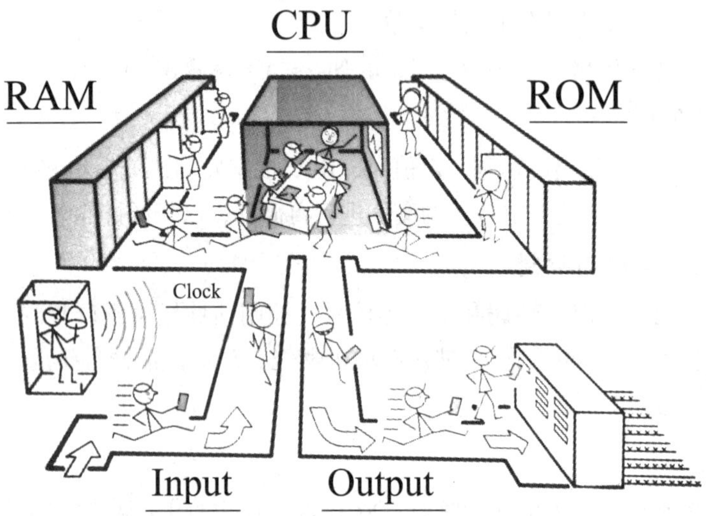

图 5－2　ECU 组成

在 ECU 中，CPU 是核心部分，它具有运算与控制的功能，发动机在运行时，它采集各传感器的信号，进行运算，并将运算的结果转变为控制信号，控制被控对象的工作。它还实行对存储器（ROM、RAM）、输入输出接口（I/O）和其他外部电路的控制；存储器 ROM 中存放的程序是经过精确计算和大量实验取得数据作为该程序的基础，这个固有程序在发动机工作时，不断地与采集来的各传感器的信号进行比较和计算。把比较和计算的结果用来对发动机的点火、空燃比、怠速、废气再循环等多项参数进行控制。它还有故障自诊断和保护功能，当系统产生故障时，它还能在 RAM 中自动记录故障代码并采用保护措施从上述的固有程序中读取替代程序来维持发动机的运转，使汽车能开到修理厂。

正常情况下，RAM 也会不停地记录行驶中的数据，成为 ECU 的学习程序，为适应驾驶员的驾驶习惯提供最佳的控制状态，这个程序也叫自适应程序。但由于是存储于 RAM 中，就像错误码一样，一旦去掉电瓶而失去供电，所有的数据就会丢失。

三、ECU 分类介绍

目前在一些中高级轿车上，不但在发动机上应用 ECU，在其他许多地方都可发现 ECU 的踪影。例如防抱死制动系统、四轮驱动系统、电控自动变速器、主动悬架系统、安全气囊系统、多向可调电控座椅等都配置有各自的 ECU。随着轿车电子化自动化的提高，ECU 将会日益增多，线路会日益复杂。为了简化电路和降低成本，汽车上多个 ECU 之间的信息传递就要采用一种称为多路复用通信网络技术，将整车的 ECU 形成一个网络系统，也就是 CAN 数据总线。

子任务二　ECU 的检测

一、ECU 检测方法

车载电脑维修时主要依据的就是最重要的电子基础原理，检修无非就是根据电子元件的原理、作用、参数等，采用不同的方法。在检修过程中主要有以下几种方法。

1. 元件调试法

电路工作基本正常，但存在“可调元件”失调引起的直流、频率等的偏移而不正常时，可试调“可调元件”。但一定要小心，每次调整的幅度不要太大，并且在调试前一定要做标记。

2. 信号寻迹法

这是修理功放及数字电路时最有效的方法，利用外加交流脉冲信号输入到放大器，用示波器等逐级判断信号的变化，从而判定故障点。

3. 电路分割法

把可能与故障有关的电路逐个分开，逐个排除，逐步减少故障范围。

4. 参数测量法

用万用表或其他仪器测量电路的电流、电压、电阻等，并可在静态和动态情况下进行测量，然后与正确的参数进行比较。当然在没有参考数据时，可计算或估算出参数进行判断。

5. 零件替代法

这是最简单的检修方法，也就是用好的零件替代有故障或怀疑有故障的零件，从而判断故障所在。这是目前维修行业最普遍采用的一种维修方法。

6. 短路旁接法

对电路某两点进行短路跨接或用电容旁接组成交流旁路，寻找寄生的振荡、干扰、自激。

在真实检测过程中，可以应用到更多的此处没说到的更好的办法。所以这里只是做一个引导，使解决问题的方法更加多样化。

对于车载电脑亦可采用上述的方法来进行。在检测车载电脑时，要先对电脑的控制电路（外电路）进行检查，排除电路中的故障。因为如果在外电路中存在故障的情况下，易对电脑进行误修，即使修好了或是买回了一块新电脑板，装复后仍会因外电路故障而再次损坏电脑。

外电路故障排除后，如果确定是电脑损坏，可对电脑板进行检修，电脑板故障主要有以下几种情况。

（1）电脑电源部分故障。一般是就车充电时，充电机电压调整过高，或极性接反，或充电的同时开钥匙，甚至启动发动机，或发动机在运转过程中电池接头松脱造成发电机直接给电脑板供电等原因造成的。这种情况下一般会烧坏大功率稳压二极管等元件，更换即可，比较容易修复。

（2）输入输出部分故障。一般是放大电路元件烧坏，有时伴随着电脑板上压制导电铜条烧断。

如：一辆213车，在车主进行完车辆清洁（发动机舱亦被清洁得干干净净），启动发动机时却无法再着车。经检查发现点火控制器保险丝烧断，更换保险丝后仍然没有着车，再次检查发现没有高压电，点火器处无电源电压，而且同时发现，该线束接头处绝缘层已严重损坏，经处理绝缘层后再次试车，故障依旧。故怀疑为电脑板故障。打开电脑板后，发现有厚厚的一层硅胶保护着该电脑板电子部件，不便于检查。但其中有一块硅胶颜色比其他部位颜色要深，类似于受热后造成的颜色。其保护的电子元件是一个功率三极管。破坏硅胶层将该三极管更换后，装复试车，故障排除。

（3）存储器部分故障。前面讲到存储器中，对于可读写存储器（RAM）出现问题，可进行更换，需要找一个已知良好的带有程序内容的存储器芯片，再买一只同型号的空白芯片，通过烧录器，从原片中读出程序，再写入到空白芯片中，就可以复制出新的芯片，再将新的芯片装入电脑。但一般汽车厂家都规定了最多只能复制3～7次，次数超过后就不能再使用了。也有的厂家通过加密手段使芯片一次都不能复制。对于大众车系，可用原厂仪器1551或深圳元征公司研制的1553仪器对电脑进行程序更换，或对空白芯片进行程序写入。

（4）特殊故障。被水浸过的车，电脑板出现腐蚀，造成元件引脚断路、粘连或元件损坏，可逐步检查修复或更换零件。

如：一辆凯迪拉克车，发动机正常运转时如果开关大灯或其他用电器，就会出现排气管放炮现象，严重时可将排气管炸裂。经检查发现外电路无问题，怀疑电脑板有故障，打开电脑板检查，发现有一处接地线因腐蚀断路，此接地线正是氧传感器的信号屏蔽线通过电脑内部搭铁，因断路使屏蔽失效，而造成氧传感器信号受到其他电器的干扰，用锡焊接通后，即恢复正常。

以上是几种常见的电脑故障，在实际工作中还会碰到各种各样的故障现象，但只要弄清了原理，并掌握一定的方法，具体问题具体分析，终有解决办法。

图 5－3、图 5－4 就万用表检测电脑板示例进行图解说明。

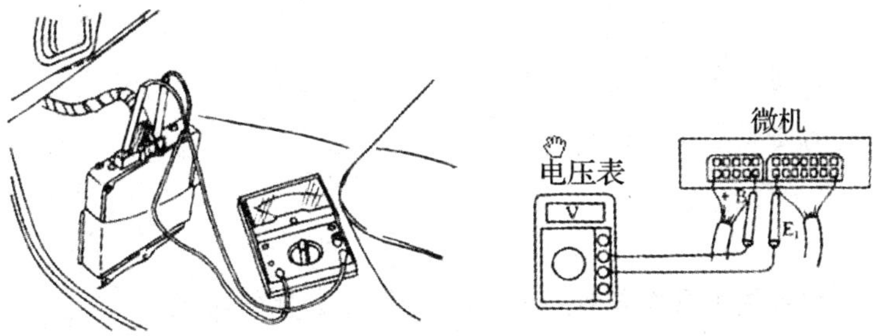

图 5－3 微机各端子电压的测量

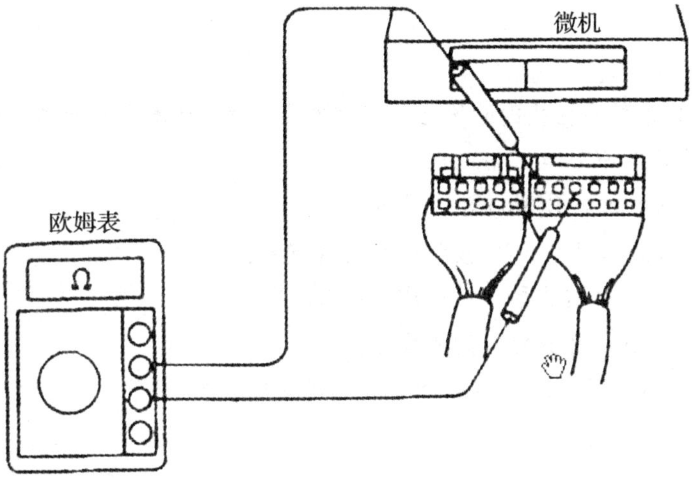

图 5－4　微机连接器端子电阻的测量

二、ECU 检测注意事项

（1）禁止使用大功率仪器，避免对 ECU 产生无线电干扰。

（2）必须要拆除 ECU 时，要先拆除蓄电池的搭铁线。

（3）在拆除蓄电池的搭铁线前，先读取 ECU 中的故障码。

（4）在拆除插接线路或元件连接器前，点火开关一定要置于“OFF”位。

（5）尽量避免损坏导线、连接器，如必须损坏，则事后必须对其进行修复。避免产生不必要的短路或接触较高的电压。

（6）谨慎使用电子检测设备和仪器，高压电会使 ECU 芯片内部短路或断路。检测时，最好使用兆欧级阻抗的数字万用表。

（7）没有适当的工具和有关知识，禁止拆卸、检测 ECU。

（8）所有的高压元件距离传感器或执行器装置的控制线至少 25 mm 以上。

(9) 防止静电对 ECU 的损坏。

任务实施

对实车进行如下检测。

1. ECU 一般的安装在车辆哪个部位?

2. ECU 在电控系统中具有怎样的作用，具有什么样的功能?

3. 使用解码仪时，不能进入 ECU 的程序，是否正常，怎样进行检测?

4. 试从 ECU 的接线插头的管脚上找出其对应的是什么样的传感器。完成下列工作。

水温传感器对应 ECU 接线插头的管脚号：

曲轴位置传感器对应 ECU 接线插头的管脚号：

节气门位置传感器对应 ECU 接线插头的管脚号：

各喷油器对应 ECU 接线插头的管脚号：

点火任务对应 ECU 接线插头的管脚号：

5. 总结 ECU 在电控系统中应该如何检测判断其正常与否。

任务小结及任务检验

任务小结

电控发动机中央控制单元的主要功能是：接收传感器传递的信息，依据 ROM 中的存储标准参数进行分析比较计算，得出一组合理的处理结果，再以电信号的形式发送给相应的执行器。若 ECU 接收不到传感器的电信号或对执行器发布的命令不能被执行时，ECU 中的 RAM 就会接收到 ECU 发来的命令记录故障信息，并且反映到仪表上告诉驾驶者或维修人员此时发动机有故障。在整个信息交流的过程中，有一个关键的部分，即 A/D 转换器，也就是模数转换器，将采集到的模拟信号转变为数字信号给 ECU 中的处理单元使用。

汽车发动机电子控制单元是汽车发动机控制系统的核心，它可以根据发动机的不同工况，向发动机提供最佳空燃比的混合气和最佳点火时间，使发动机始终处在最佳工作状态，发动机的性能（动力性、经济性、排放性）达到最佳。

综上所述，发动机 ECU 系统故障检修要想安全、快速、高效地完成，必须熟悉发动机 ECU 工作原理以及各电器电子元器件的特性；要看懂发动机 ECU 系统电路图，掌握相关检测仪器的使用方法，具备一定的发动机维修知识；在发动机出现故障时，要按照相应的程序进行检修，要避免乱猜想、乱拆卸、乱换件的盲目行为。

任务检验

一、选择题

1. 闭环控制系统将输出信号通过反馈环节在（　　）信号进行比较，从而修正输出信号的控制系统称为闭环控制。

A. 输入与输入　　B. 输入与输出　　C. 输出与输出

2. 检测电控汽车电子元件要使用数字式万用表，这是因为数字式万用表（　　）。

A. 具有高阻抗　　B. 具有低阻抗　　C. 测量精确

3. 发动机水温高于（　　）℃，冷启动喷油器不工作。

A. 20～30　　B. 30～40　　C. 40～50　　D. 20～40

4. 以下哪项通常采用顺序喷射方式？（　　）

A. 机械式汽油喷射系统　　B. 电控汽油喷射系统

C. 节气门体汽油喷射系统　　D. 以上都正确

E. 以上都不正确

5. 发动机关闭后（　　）使汽油喷射管路中保持残余压力。

A. 电动汽油泵的过载阀　　B. 汽油滤清器

C. 汽油喷射器　　D. 回油管

E. 以上都正确　　F. 以上都不正确

6. 汽油喷射发动机的怠速通常是由（　　）控制的。

A. 自动阻风门　　B. 怠速调整螺钉

C. 步进电动机　　D. 继电器

7. 在 MPI（多点汽油喷射系统）中，汽油被喷入（　　）。

A. 燃烧室内　　B. 节气门后部　　C. 进气歧管　　D. 进气道

8. 单点喷射系统采用下列哪种喷射方式？（　　）

A. 同时喷射　　B. 分组喷射　　C. 顺序喷射　　D. 上述都不对

9. 当进气温度在（　　）℃时，空气密度小，可适当减小喷油时间。

A. 20　　B. 大于 20　　C. 小于 20　　D. 15

10. 最小点火提前角为（　　）。

A. －10°～0°　　B. 0°～10°　　C. －10°～10°　　D. 10°～20°

11. 在（　　）式空气流量计中，还装有进气温度传感器和油泵控制触点。

A. 翼片　　B. 卡门旋涡　　C. 热线　　D. 热膜

12. 双金属片式辅助空气阀中双金属片的动作由加热线圈的（　　）或发动机的水温决定。

A. 通电电压　　B. 通电电流　　C. 通电时间　　D. 绕组数

13. 带 Acc 信号输出的开关量输出型节气门位置传感器主要增加了 Acc 信号，用以检测发动机（　　）状况。

A. 怠速　　B. 中速　　C. 高速　　D. 加减速

14. 微型计算机的作用是根据汽油机运行工况的需要，把各种传感器输送来的信号用（　　）中的处理程序和数据进行运算处理，并把处理结果送到（　　）。

A. 中央处理器　A/D 转换器　　B. 内存　A/D 转换器

C. 内存　输出通路　　D. 中央处理器　输出通路

15. ECU 一般至少有（　　）接地线，以确保 ECU 总是有良好的接地。

A. 一条　　B. 两条　　C. 三条　　D. 四条

16. 技术员甲说在进行发动机真空测试时，发动机应预热并在正常怠速状态运转；技术员乙说应将真空表连接到位于节气门下方的真空源上来测量发动机的真空。谁正确？（　　）

A. 只有甲正确　　B. 只有乙正确　　C. 两人均正确　　D. 两人均不正确

17. 进行燃油压力检测时，按正确的工序应该首先进行以下哪一步？（　　）

A. 断开燃油蒸发罐管路

B. 将燃油压力表连到电控燃油喷射系统的回流管路上

C. 在将燃油压力表连接到电喷系统上以前先将管路中的压力卸掉

D. 拆下燃油机（分配器）上的燃油管

18. 一辆车的动力传动系控制组件不能改变喷油器脉宽，下面哪一项可能引起此问题？（　　）

A. 燃油压力调节器失调　　B. 氧传感器故障

C. 燃油泵压力不足　　D. 动力传动系控制组件失效

19. 技术员甲说，当发动机在运行时可通过观测其真空度来确定排气节流；而技术员乙说，可通过用低压测压计测出的排气歧管压力来确定排气节流。谁正确？（　　）

A. 只有甲正确　　B. 只有乙正确　　C. 两人均正确　　D. 两人均不正确

二、判断题

1. 单点喷射中，汽油被喷入进气道中。（　　）

2. 将燃油泵测量端子跨接到 12 V 电源上，点火开关置“ON”位置，若听不到油泵工作声音，则应检查或更换油泵。（　　）

3. 在用蓄电池直接给燃油泵通电时，应注意通电时间不能过长。（　　）

4. 数字信号不能直接输入微机，必须由 A/D 转换器将其转换成模拟信号再输入微机。（　　）

5. 在采用电流驱动方式的喷油器控制电路中，不需附加电阻值，直接与蓄电池连接。(　　)
6. 发动机工作时，用手触试喷油器针阀开闭，如有震动或声响，说明喷油器无故障。(　　)
7. 在电压驱动方式中低阻喷油器能直接与蓄电池连接。(　　)
8. 存储器中只读存储器 ROM 是用来存储固定信息的。(　　)
9. 电容式进气管绝对压力传感器电容量的变化量经过电路转换成电流信号输给 ECU。(　　)
10. 目前大多数电动汽油泵是装在油箱内部的。(　　)
11. 燃油压力调节器作用是使燃油分配管内压力保持不变，不受节气门开度的影响。(　　)
12. 冷启动喷油器一般不受 ECU 控制，而是由热控正时开关控制。(　　)
13. 压力调节器的作用是使燃油压力相对大气压力或进气负压保持一致。(　　)
14. 在检查节气门体时，如内腔内有积垢和结胶情况下，应用砂纸将其清理。(　　)
15. 拆卸压力调节器时，要先释放燃油系统中压力。(　　)
16. 冷启动喷油器喷油时间受定时开关和 ECU 同时控制。(　　)
17. 涡轮式电动燃油泵不工作时，出油阀关闭，以使油管内保持一定的残余压力。(　　)
18. 喷油器的喷油迟滞时间缩短会使其响应性能变差。(　　)
19. 微处理器只能识别 0 ~ 5 V 的方波状数字信号。(　　)
20. 光电式传感器输入给电脑的是数字信号。(　　)
21. 冷却液温度传感器输入给电脑的是数字信号。(　　)
22. ECU 内部电源电路给微处理器和传感器提供电源。(　　)
23. 当内部电源电路开路或短路时，由 ECU 提供 5 V 电源电压的传感器都不在工作。(　　)
24. ECU 接地线对发动机管理系统的正常工作影响并不是很大。(　　)
25. ECU 电源电路向发动机控制任务提供的电压过小会影响发动机控制任务正常工作。(　　)
26. 油箱外置型电动燃油泵安装在油箱外，并连在输油管上。(　　)
27. 齿轮泵输油的流量和压力波动与滚柱泵相比压力波动都比较大。(　　)
28. 电动燃油泵只有在发动机启动和运转时才工作。(　　)
29. 片阀式喷油器的抗堵塞能力比较强。(　　)
30. 空燃比反馈控制具有一定的局限性。(　　)
31. 对于某一型号的发动机来说，基本喷油脉冲宽度不是标准数据。(　　)
32. 蓄电池的电压越高，喷油器的开阀时间越短。(　　)
33. 蓄电池的电压对喷油器的关阀时间影响很大。(　　)
34. 通常情况下，喷油器的关阀时间比开阀时间要长。(　　)
35. 哪缸喷油器坏了，就更换哪个缸的喷油器。(　　)

任务六

电控发动机综合故障诊断与排除

子任务一　电控发动机综合故障诊断与分析思路

电控发动机的电子控制系统工作状况对发动机的性能有很大的影响，该系统的线路或任何一个传感器、执行器出现故障，都会在一定程度上影响发动机的启动、运转、动力、经济及排放。因此需要有一个完整而缜密的工作思路。

任务：掌握故障诊断思路的一般原则。

目标：具有比较清晰的故障诊断思路。

任务导入

对实车不能启动进行分析。

相关知识准备

案例引题：一辆丰田凯美瑞，不能启动。

图 6－1 所示为汽车维修 4S 店的车辆维修工作流程。

由图 6－1 可以看出，维修企业有一套非常清晰的工作思路和非常严谨的工作过程。这也是维修企业获得利润的法宝之一。所以具备良好完整的处理问题的思路是非常有必要的。针对什么样的事就应该有什么样处理问题的思路。修理汽车是这样，处理别的问题也同样。

一、思路引导

针对不能启动的发动机，基本思路是：非油即电，即不是油路故障就是电路故障。

二、思路原因分析

发动机着车三要素是：油、电、机械。即油路中喷油器是否喷油；电路中汽油机的高压电路是否有高压电，柴油机中无高压点火系统，故仅需检查燃油供给方面的电路故障即可；机械方面主要是指配气正时及气缸压力是否正常。

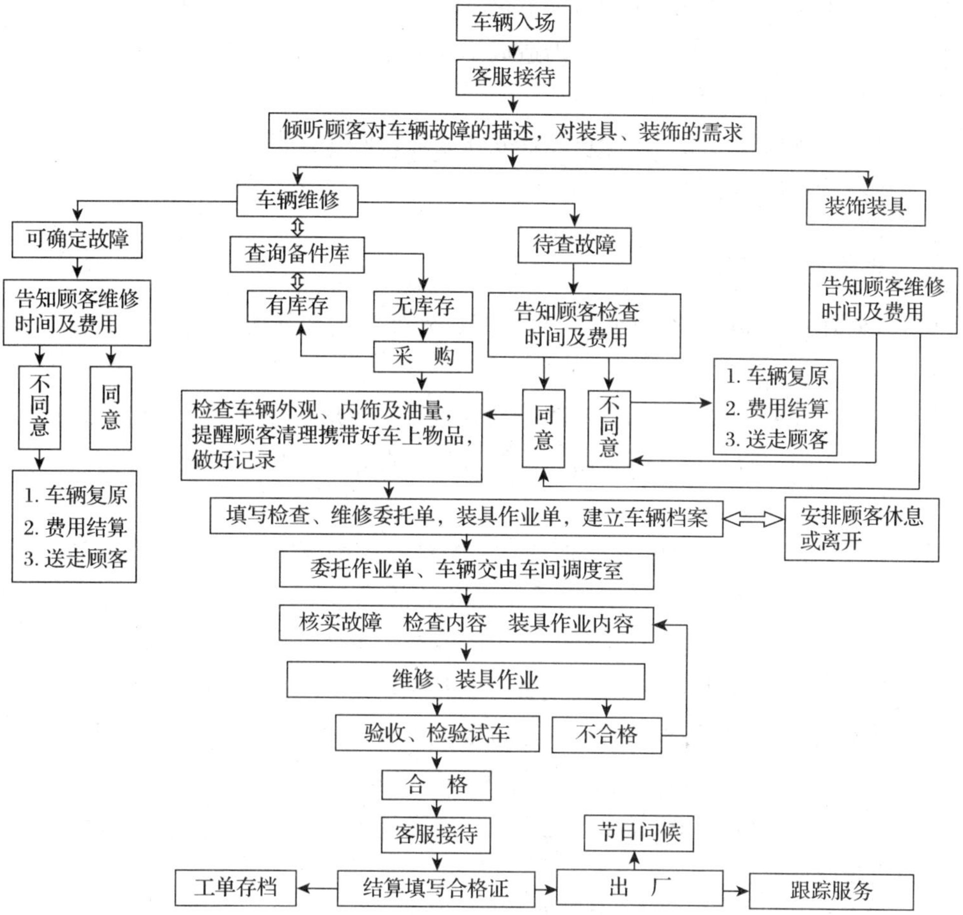

图 6-1　汽车维修 4S 店的车辆维修工作流程

针对案例引题中的故障车，我们采用以下故障思路。

1. 油路

先用发动机助燃剂向进气道中喷射少量，启动发动机，看发动机是否有启动迹象，如有启动迹象，则表明燃油供给系统出现了问题，此时仅需要对燃油供给系统进行检查即可。燃油系统检查时针对燃料的不同所采用的方法各有不同。但思路是一致的，先检查容易检查的，如先检查燃油泵是否工作，而后检查油路是否畅通，如果油路畅通再检查喷油器是否喷油。如此必能检查出故障点。

2. 电路

如向进气道中喷射少量发动机助燃剂之后，发动机仍无着车迹象，汽油机则说明两个问题，一是无高压电，二是机械故障，则说明柴油机是机械故障。

就汽油机来讲：无高压电时，此时需要检查的范围就比较大，但仍然可以遵循发动机维修作业时的一般原则，即先简后繁、先外后内、代码优先、先备后用、胆大心细，必能找到问题的所在之处。如：先检查点火系统的保险丝是否完好，后检查其他相关部件。

针对柴油机来说：在助燃剂的帮助下仍不能使发动机着车，则说明配气正时或气缸压力再或者喷油器喷射压力不够等原因造成不能启动发动机。此时就可以根据故障诊断的一般原则来进行检修工作。

当然针对上述故障思路，完全可以建立在故障诊断仪诊断后的结果上，但也不能完全信赖于故障诊断仪的结果。

三、思路建立原则

车辆维修作业思路建立原则：先简后繁、先外后内、代码优先、先备后用、胆大心细。

（1）先简后繁：能以简单方法检查的可能故障部位应优先检查。比如，直观检查最为简单，可以用问、看、摸、听、嗅、试等直观检查方法，将一些较为显露的故障部位迅速找出来。

（2）先外后内：在发动机出现故障时，先对电控系统之外的可能故障部位予以检查。这样可以避免本来是一个与电控系统无关的故障，却对电控系统的控制器、传感器、执行器及线路等进行复杂且又费时费力的检查，而真正的故障部位却未找到。

（3）代码优先：微机控制系统都有故障自诊断功能，当电控系统出现某些故障，故障自诊断系统就会立刻检测到故障，并通过发动机故障警告灯向驾驶人员报警，与此同时以代码的方式储存该故障的信息。但是对于某些故障，自诊断系统只储存该故障码，并不报警。因此，在对发动机做系统检查时，应先读出故障代码，再按照故障代码的内容进行检查维修作业。

（4）先备后用：微机控制系统元件性能的好坏，电气线路是否正常，常以其电压（数值、波形或频率）或电阻等参数来判断。如果没有这些数据资料，系统的故障检修就会比较难，此时往往采用新件替换的方式，但是这样无形中就增加了维修费用。所谓先备后用是指在检修该车型前，应该准备好该车的相关数据资料。除了从维修手册、专业书刊、维修网站上收集整理这些资料外，还可以随时检测记录无故障车辆的有关数据，逐渐积累，作为日后检修同类车的检测比较参数。

（5）胆大心细：电控发动机整体系统看似复杂，但只要抓住以上四点，再胆量大敢作敢为，心思细致不放过任何蛛丝马迹，就能彻底地将车辆故障解决掉。

四、案例拓展应用

任务实施

就实车进行：针对发动机着车后，发动机抖动故障现象，详细记录诊断思路及全部工作过程。

1. 请详细记录该故障车辆的基本信息。

2. 请根据案例引题简述故障诊断思路。

3. 请根据工作所需，列出工作中所需要的工具、检测设备及数量。

4. 请简要记录工作步骤，并详细记录测试所得数值。

总结本次工作过程经验：

子任务二　电控发动机综合故障诊断与分析方法

由于电控汽车结构的特殊性（其检测、控制机件多且复杂，广泛涉及电子技术和微处理技术），如果维修人员仍采用传统的维修方法，就势必会感到“无能为力”。尽快适应现代汽车的维修要求，已成为广大汽车维修工作者的迫切愿望。但由于长期受传统修理方式的影响以及对电控发动机或多或少仍有一种神秘感，以致在对其维修时常会出现认识上的误区，迷惘而不知所从。

故障原因的分析在此就显得尤为关键。以下就举几个故障案例供大家分析。

案例 1

故障现象：一辆福特车冬天早上打不着车，司机反映为凉车启动易淹火花塞，并且启动车时有很浓的汽油味。

故障诊断与分析：来车后首先检查水温传感器，电压和电阻一切正常，检查启动油压为 55 psi（1 psi = 6.895 kPa），油压正常。此车陷入困境之中，在没有办法的情况下发现启动车时排气管不排气，所以此时考虑可能是排气管堵塞，拆下排气管后车顺利启动着车一切正常。

故障排除：消声器结冰排气管堵死。

案例 2

故障现象：一辆奥迪 200 1.8 T，由于电瓶亏电，换电瓶后发动机很难启动，加着油门着车后无怠速着不住。

故障诊断与分析：初步判别为节气门设定问题，用 k6 进行基本设定，首先输入组号 098 进行设定，设定结束后启动着车后怠速 800 r/min，加速正常没有任何不良反应，一切正常。

故障排除：更换电瓶后某些车需要做节气门基本设定。

案例 3

故障现象：一辆时代超人发动机怠速抖动，加速回火。

故障诊断与分析：从发动机的表现看，再根据大众车的通病，很可能是空气流量传感器或氧传感器故障，用仪器读取故障码为氧传感器故障，清除故障码后再用仪器读取数据流，空气流量计怠速时的进气量为 2～3 g/s，基本正常，氧传感器的电压为0.455 V 不变化，更换氧传感器后故障消失。

故障排除：氧传感器损坏。

案例 4

故障现象：一辆长安奥拓来厂换电瓶后，再启动不着车，经检查无高压电。

故障诊断与分析：这辆车进厂后别的地方没动，按说应该没事，所以先用万用表测其传感器工作电压，经检查进气压力传感器、节气门位置传感器均无工作电压，初步怀疑为电脑故障或电脑的供电压故障。首先找出电脑，电脑和诊断座位于手套箱之后，找到诊断座后用仪器诊断，仪器和电脑无法通信。此时拔下电脑端子测其供电电压，供电电压一切正常，此时插上插头后启动一次着车。

故障排除：电脑端子接触不良。

案例 5

故障现象：一辆本田雅阁轿车（发动机型号为 F20A）在行驶过程中故障灯有时会点亮。冷车行车时不亮，当发动机达到正常工作温度时而且在行驶时故障灯会点亮。

故障诊断与分析：故障现象表明可能是废气再循环阀（EGR）出现故障，提取故障代码为 12，由此可以确认 EGR 系统有故障。

故障排除：检查控制系统如下。

（1）查看 EGR 传感器，将真空施加在 EGR 执行器真空管上，传感器输出电压在 0.5～4.5 V平滑移动，正常。

（2）检查 EGR 电磁阀用试灯代替 EGR 电磁阀，若试灯亮则进行下一步检查。启动发动机，EGR电磁阀就会接通12 V电压，进口存在真空，而出口无真空，就能确认EGR电磁阀有故障。为进一步确认故障现象，可检查进口真空是否存在。从而最终确定EGR电磁阀故障。

通过上述案例分析可以知道，某种故障形成的原因各种各样。但仍然要遵循故障诊断思路中提到的一般原则，才能顺利将真正的故障点找到。

同时可以得到一个故障原因分析的方法，那就是逻辑分析法，即将与故障原因相关的部件一并列出，先着手主控信号的分析，再分析修正信号。将最有可能出问题的部件做重点检查。

逻辑分析法是利用事物的各种已知前提，根据事物之间内在的相互关系，对未知事物的结果进行推理判定的一种科学分析方法。

在汽车的故障诊断中同样可以采用逻辑分析法。有汽车维修经验的人都知道，汽车的某些故障现象一定与产生这种故障的原因有着某种必定的联系。固然这种联系从表面上看未必能够一眼看出来，但是通过深入有序的分析，最终一定能够根据故障现象推理出所需结果，即引发故障的原因。

当然逻辑分析法并不一定适合于汽车所有系统。它在电路方面好像比在其他方面进行故障判定时更有效，由于电气系统比其他系统更具有逻辑性。可以把这种方法融汇到汽车各系统故障的判定分析过程中，与其他方法相结合。最终形成一个故障判定的“网络”。到那时，所有的故障都成为“网”中之“鱼”，我们在故障判定的方法上一定能达到一个较高的水平。

任务实施

就实车进行：针对发动机加速不良故障现象进行分析、诊断、排除，并记录工作过程。

1. 车辆信息记录。

2. 故障现象描述。

3. 故障初步分析及故障原因描述。

4．故障诊断仪检测结果记录。

（1）故障码：

（2）与故障码相关的主要数据流：

5．根据故障码、数据流进行故障原因分析。

6．使用万用表或试灯对故障点传感器或执行器检测，并描述结果。

7．故障诊断结论。

8．故障排除方案或方法。

子任务三　电控发动机故障诊断与排除工作中的注意事项

一般汽车 ECU 硬件的额定工作电压为直流 5 V，但对于汽车专用计算机，为了提高其抗干扰能力，其承受的最大直流电压可达 10 V 左右。当加于计算机此类连接脚的外接电压高于其允许值时，就会损坏其硬件系统。若操作不当，在汽车上瞬间会产生几千伏的过电压。

一、操作中注意事项

1．不能随意断开蓄电池的任何一根连线

蓄电池本身的结构相当于一个大电容，它又与负载及发电机并联，因此它可吸收电感性负载通、断电瞬间产生的浪涌电压，保护汽车上连接的各种晶体管元件。

不允许在发动机运转时或接通点火开关的情况下，拆下蓄电池的连线，蓄电池正、负极桩的连线一定要接触良好。只有在切断点火开关的前提下才可拆下蓄电池的连线。

值得注意的是，某些车辆再拆蓄电池连线时一定要注意该车的音响设备是否带有防盗系统，如有防盗系统，则需要知道密码，否则必须经过车主同意方可拆蓄电池连线。

2. 计算机要使用独立的供电线路

为防止汽车上脉冲式用供电设备对计算机的干扰，计算机的供电线路和搭铁接头应和蓄电池的其他主要供电系统接头分开。否则计算机就会受其他电器的共性干扰，严重时使其无法正常工作。另外不可用普通导线代替汽车上的屏蔽线。

3. 应使用高阻抗的仪表检测计算机系统

如果用低阻抗的仪表测量计算机，计算机供入该仪表的电流就会太大，从而使计算机损坏；当检测仪表中的电源电压高于计算机系统的工作电压时，更不能直接用仪表对其测试；不能用高电压低阻抗的欧姆表测量计算机和传感器；也不能用试灯代替与计算机连接的任何执行元件进行测试（除非试灯的电阻比原元件的阻值大得多）。

4. 强磁场不能靠近计算机

带有较强磁场的扬声器不能靠近计算机，否则会使计算机内有关的元件损坏。在汽车上电弧焊时，应把计算机的电插头拔掉（或从车上拆下计算机），或将电瓶搭铁线拆除。

5. 要防止人体静电对计算机的损伤

检测计算机或更换芯片时，操作人员一定要将身体接地，即带上搭铁金属带，将金属带一头缠在手腕上，另一头夹在汽车上，在车下操作时，应将导线的另一头连在接地的金属部件上，以防人体静电对计算机的损坏。

二、电控发动机维修误区

1. 汽车蓄电池连接线的拆与不拆

蓄电池是汽车的总电源。在维修中适时地拆下或装上连接线，是维修人员十分熟练而清楚的基本操作。但对电控汽车而言，该操作不当或时机不对时，将会给维修工作带来困难，甚至可能引起严重后果。

(1) 电控汽车的电控单元都具有记忆功能。当电控系统出现故障时，ECU 会存储其对应的故障代码。维修人员便可从故障自诊断系统中读取故障代码，进而查找故障原因和故障部位。

若在读取故障代码之前贸然拆下蓄电池连接线（或拔掉电源熔丝），由于中断了 ECU 的电源，存储其内的故障代码便会自动消除。

再想获得故障信息（故障代码），就必须重复（再现）故障发生时的工作状况和环境条件（譬如：特定范围的发动机转速及负荷、发动机的某种水温、某种进气温度以及有关传感器的某种工况等），显然，这是非常麻烦和费时的。

因此，在维修电控汽车之前应按要求先读取并记录故障代码，然后才能进行其他的维修作业，以免不慎丢失故障代码。

（2）当点火开关处于接通（ON）位置时，无论发动机是否正在运转，此时绝不可拆下蓄电池连接线或熔丝。

因为突然断电将会使电路中的线圈产生自感电动势而出现很高的瞬时电压（有时高达近万伏），从而使 ECU 及相关传感器等微电子器件严重受损。

必须注意的是：除蓄电池连接线外，其他凡是与蓄电池电压相同的电气装置的导线，当点火开关处于接通（ON）位置时，也都不能拆除。否则，也同样会使相关的线圈产生自感而烧坏 ECU 或传感器。这些电气装置包括：点火系统、怠速控制步进电动机、ECU 的可编程只读存储（ROM）、喷油器、空调及其他电磁离合器，还有 ECU 某些连接线等。

（3）在对电控发动机燃料供给系统进行检查作业之前，应拆下蓄电池的连接线（或熔丝），以免发生火灾。

即在拆卸油路之前应先关闭点火开关（置“OFF”），再拆下蓄电池连接线或熔丝。由于供油系统中残存一定的压力，故还得对燃油系统“卸压”。

较简单的方法是在拆卸油路的接头处裹上布条或棉纱，并在其下面放一油盆，然后慢慢松动接头将燃油导入盆内，以防飞溅。

当燃油检测装置（如油压表）接入管路后，若需用蓄电池电源对其测试，也必须先关闭点火开关，再接蓄电池连接线，然后打开点火开关。否则，将可能产生电火花而引起火灾。

特别要指出的是：当燃油供给系统检查完毕后，在拆卸检测装置之前，同样必须先关闭点火开关，然后拆下蓄电池连接线，方可执行燃料系的作业。

（4）发动机维修妥善后，需清除掉 ECU 中的原故障代码。

对大多数电控发动机而言，拆下蓄电池连接线或拆下通往 ECU 的熔丝，保持断电 30 s 即可清除掉 ECU 中的故障代码。

但是，个别发动机则不适用这种拆卸电源的办法，否则将会使其时钟和音响等附属设备的内存（包括防盗码）一起被消除掉。

因此，应按该车的维修手册所指示的方法去消除故障代码，切不可随意拆除电源线。

2. 依照故障代码检测故障可靠不可靠

通过解读故障代码，大多能正确判别故障可能发生的原因和部位。有时也会出现判断失误，造成误导。实际上，故障代码仅是一个是或否的界定结论，不可能指出故障的具体原因；若欲判定故障部位，还需根据发动机的故障症状，进一步分析和检查才能做到。

（1）自诊断系统也有显示不出来的传感器故障。

ECU在对传感器信号进行检测时，只能接收其内设范围以外的（传感器）超常信号，从而判别传感器有无故障。

一般在解读故障代码后，只要对相应的传感器、导线连接器、导线进行检查，找到并排除断路、短路的故障点，即告成功。

但是，若因某种原因使传感器的灵敏度下降（虽在ECU设定的范围之内，但反应迟钝、输出特性偏移等），则自诊断系统就检测不出来了。

尽管发动机确有故障表现，但自诊断系统却输出了表示无故障的正常代码。这时就应该根据发动机的故障症状进行分析判断，继而对传感器单体进行针对性的检测，以找到并排除传感器故障。

例如，当发动机怠速不稳并伴有行驶中发动机运转失调，系统又无故障代码输出时，首先值得考虑（怀疑）的便是空气流量传感器或者是进气歧管（真空）压力传感器出了故障。因为这两个传感器性能的好坏直接影响到基本燃油喷射量，尽管此时没有显示相应的故障代码，也应该对它们进行检查。

（2）维修不当会引发错误的故障代码。

例如，在发动机运转过程中，若随意拔下传感器插头进行试验，则每拔掉一个传感器插头，ECU就会记忆一个相应传感器的故障代码。

另外，若上一次对电控汽车修理后，由于操作不当而未能完全消除旧的故障代码，那么在本次读码时，那些残存的旧码仍然要重复显示，给维修工作带来混乱及困难。

3. 应优先排除机械故障，还是电控系统故障

ECU所控制的仅是发动机的电控部分，而无法兼顾（监测）发动机的全部（尤其是纯机械部分）。因此在进行维修时，必须首先正确区别两类故障的发生部位和表现特征，方能准确、迅速地判定和排除故障。

（1）在ECU自诊断系统正常的前提下，若发动机有故障症状而故障指示灯未亮（即无故障代码出现），这些故障往往与电控控制系统无关。

此时，应按传统发动机故障的诊断思路进行排查；切记不要盲目检查微机系统的执行器、传感器和电路，否则不仅徒劳无功，稍有不慎反会损坏与ECU相关的某些器件。

例如，当火花塞的高压线有缺陷时，往往会出现怠速不稳、加速断火、排气“放炮”等故障现象，而ECU并不能检测到这类故障。

（2）电控发动机控制系统的工作可靠性很高，使用中出现故障的概率很小。

故在一般的检修中不要随便拆检其器件或无意识地拆除其连接器或导线（尤其是ECU的有关部分）。只有在确认发动机本身及点火系统已排除机械类线路故障后，才可对其进行检查。

检查时，要根据本车型资料，按规定的程序和要求，一丝不苟地执行。

(3) 即便是电控控制系统本身的故障，往往也是以一般的机械故障形式出现。如接线不良、喷油器或滤清器脏污堵塞、进气道有积炭等。

因此，在对 ECU 自诊断系统所显示的故障进行检查时，也应首先从简单的机械故障查起。

尤其是显示“进气系统故障”时，应特别注意加（机）油口和量（机）油孔是否密封可靠、空气流量计与进气系统相配零件是否松脱、进气歧管压力传感器的真空软管是否破裂或密封不严甚至脱落等。

4. 维修经验与维修资料孰重孰轻

电控系统的自诊断装置只是存储和显示故障代码。要开展维修工作还必须凭借该车型的有关资料去进行“解码”——明确其故障内容和部位等。

由于我国进口和自产的车型繁多，其有关 ECU 自诊断系统的操作程序和故障代码的含义等不尽相同。因此，逐步积累和掌握各种车型的故障自诊断资料及使用方法，就成为汽车维修人员的当务之急。

(1) 电控发动机出现问题后，对于一般的故障可用经验方法对其检验与排除，例如，与电控控制系统无关的机械性故障等。

(2) 在读取电控发动机的故障代码之前，有必要对发动机进行基本检查，即对发动机基本怠速和基本点火正时进行检测与调整，使发动机处于所要求的行检状态。

不同车型的基本检查步骤、条件和方法也不尽相同。例如，在检查进程中，对冷却液的温度、附加电气设备的启闭状态、水箱冷却风扇是否运转等都有特定的要求。具体操作时应严格遵循相应的维修资料。

(3) 在利用自诊断系统检查故障时，必须有本车型的相关资料作指导。例如故障代码的读取方式、故障代码的含义以及各电控元件的基本结构参数和工作性能参数等，都应该有一个较详细的解释。这是维修好车辆的基本条件。

(4) 在对电控汽车进行维修时，要时刻谨记电子和微电子器件的特性及禁忌，不可违章操作。例如，由于电控系统对工作（或检测）电压非常敏感，在对其电路进行检测时，稍不注意就可能损坏电子元件或传感器；又如，某些电控发动机上装备的可编程只读存储器（ROM），在其拆、装过程中要求维修人员必须自身接搭铁（即接通大地，消除静电），否则，维修人员身体上的静电就会影响微机电路等。

三、综合故障排除方法案例

案例 1

故障现象：一辆三菱轿车，发动机怠速运行时有间断性的抖动，其他状态都正常。

故障诊断与分析：出现这样的状况，以非油即电，若两者都不是那就是机械故障的原则进行分析后得出可能是节气门体的故障，故对节气门体进行清洁，从发动机上拆下节气门体后进行了彻底的清洁作业，装复试车，但是发动机的故障不但没有排除，反而又出现发动机的怠速过高且怠速不稳现象，原因何在？难道是破坏了发动机的自适应值？随后对发动机进行了自我学习的运行，但是故障依旧。决定再次拆下节气门体进行检查，检查时发现本该与节气门内壁密闭的节气门，此时和节气门体内壁接触处却有了一道很大的裂缝，说明在清洁或装复时有工作失误的现象。经过查找原因发现有一道拉动节气门的弹簧脱钩，复位后再次检查此时节气门与节气门体内壁密封得很好。

故障排除： 装复节气门体后试车，发动机工作一切正常。

案例 2

故障现象： 帕萨特更换完气缸垫之后，每次不论车冷与热均需要启动两三次，有时甚至需要启动六七次，才能启动着车。未进行更换气缸垫之前，启动很顺利。

故障诊断与分析： 该车出现此故障的原因比较多，故使用解码仪进行故障分析，得出故障码是凸轮轴位置传感器（霍尔式）故障，但对其进行检测时，各管脚的供给对地电压分别是 0 V、10 V、5 V。对于各管脚间的短接情况进行检测，有时出现疑似短接的现象，于是对其线路进行检测，发现线路状况连接良好，无破损断裂等损坏现象。于是怀疑是安装时正时未对正，检查正时时，发现进气侧链条的正时记号（见图 6－2）与凸轮轴的正时记号是对正的，但排气侧的正时记号稍有偏差。

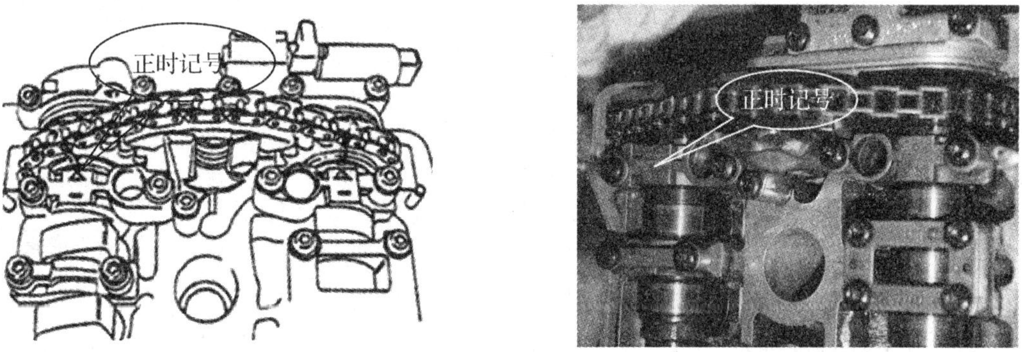

图 6－2　正时记号

清洁轴承盖上两个箭头对着的凸轮轴驱动链条和链轮，并用颜色标记出安装位置。

故障排除： 重新调整正时后故障排除。

子任务四　电控发动机综合故障排除方法

汽车电控系统都含有自诊断功能，越先进的汽车，自诊断分辨率越高，即通过自诊断测试可指出的故障部位越多。具体的自诊断方法及故障代码的内容应查各厂家的说明书或维修手册。

若要诊断排除一个带有电控系统发动机的故障，但发动机故障灯未亮，应先按发动机没带电控系统那样，检查可能引起故障的各个方面。

如果发动机工作中发动机故障灯点亮，说明自诊断系统已发现了故障，应按厂家的维修资料进行自诊断操作，调出故障码，再根据故障码的内容排除故障。对于油路、气路的部分故障及点火系统的高压电路故障自诊断系统是无能为力的，仍需要人工检查。

现将与电控系统无关的典型故障及其原因列举如下。

1. 怠速不稳（甚至熄火）

（1）调整的怠速过低。

（2）怠速混合气配比调整不当。

（3）进气歧管及真空管漏气。

（4）点火时间过迟。

（5）曲轴箱强制通风阀卡滞。

（6）点火系统高压线不良。

（7）火花塞不良。

（8）活性炭罐裂损或其连通管漏气。

（9）废气再循环阀因卡滞而常开。

2. 高速工作不良

（1）分电器盖击穿、绝缘不良。

（2）分火头绝缘不良。

（3）高压线电阻过大或绝缘不良。

（4）火花塞高压线插错。

（5）点火线圈不良。

（6）火花塞间隙过大。

（7）汽油泵供油压力不足，汽油泵进油滤网及其管路堵塞。

（8）汽油管路泄漏。

3. 加速时发动机爆震

（1）点火时间过早。

（2）汽油牌号过低。

（3）废气再循环阀不能打开。

（4）发动机温度过高。

4. 发动机温度过高

（1）点火时间过迟。

（2）机油压力偏高。

（3）高压断火。

（4）气缸漏气。

（5）配气相位失准。

5. 发动机动力不足

（1）空气滤清器堵塞。

（2）空气流量计与进气歧管之间漏气。

（3）气缸压力不足。

（4）排气管排气受阻。

（5）汽油压力偏低。

（6）喷油器堵塞。

（7）点火正时失准。

（8）点火系统高压电路元件工作不良。

（9）配气相位失准。

任务实施

就实车进行：针对发动机热车启动困难，完成相应的检查，并排除故障，填写作业单。

1. 发动机的故障现象描述。

2. 发动机的故障码。

3. 发动机故障相关的主要数据流记录。

4. 故障原因的分析。

5. 根据故障码的提示进行故障点的初步检测，详细记录下被测件的相关数据。

6. 使用万用表或试灯对故障点传感器或执行器检测，并描述结果。

7. 进行故障的排除，清除故障码，试车后再次读取故障码并记录，并对发动机的运行状况进行记录。

8. 总结电控发动机在进行故障诊断与排除时的规律。

任务小结及任务检验

任务小结

本节内容讲述了发动机维修过程中所遇到的综合故障该如何处理的方法，重点学习了故障诊断与排除的一般原则即先简后繁、先外后内、代码优先、先备后用、胆大心细以及分析问题时的方法即逻辑分析法，尤为要注意的是针对电控发动机维修，一定要牢记注意事项，否则只会给自己带来出力不讨好的麻烦。

在故障排除方法小节内主要列举了与电控系统无关的典型故障及其原因和两个实际案例。主要目的就是帮助学生掌握在发现问题时，应该怎么着手分析问题、处理问题的方法。通过不断的实践学习，应该具备比较清晰的分析问题、解决问题的思路。

任务检验

选择题

1. 下列说法正确的一项是（　　）。

　A. 在怠速稳定修正中，ECU 根据目标转速修正电火提前角

　B. 辛烷值较低的汽油，抗爆性差，点火提前角应减小

　C. 初级电路被断开瞬间，初级电流所能达到的值与初级电路接通时间长短无关

　D. 随着发动机转速提高和电源电压下降，闭合角增大

2. 当冷却液温度超过预设温度且牵引控制系统正在运作时，点火正时应（　　）。

　A. 提前　　B. 延迟　　C. 不变

3. 谐波进气控制系统运作时，此时发动机的点火提前角应（　　）。

　A. 提前　　B. 延迟　　C. 不变

4. 下列说明不正确的一项为（　　）。

A. 发动机启动后，当怠速运转超过预示时间时，开关型怠速控制阀处于关闭状态
B. 发动机启动工作时或刚刚启动后，开关型怠速控制阀开启
C. 当怠速触点闭合，且发动机转速下降到规定转速以下时
D. 发动机启动后怠速运转超过预定时，开关型怠速控制阀关闭

5. 下列哪个因素不会引起燃油压力过低？
A. 燃油泵连接件松动　　B. 燃油泵压力调节器出故障
C. 燃油泵膜片不合格　　D. 燃油泵入口有阻塞

6. 装有双进气系统（DIS）的发动机存在不能启动故障，讨论其可能的原因时：技术员甲说，导致这问题的原因是曲轴或凸轮轴传感器的信息丢失；而技术员乙说，点火线圈故障会引起这问题。谁正确？（　　）
A. 只有甲正确　　B. 只有乙正确
C. 两人均正确　　D. 两人均不正确

7. 以下各喷油器故障除一项外均能造成复合式车辆怠速不稳，是哪一项？（　　）
A. 喷油器电路断路　　B. 节气门位置传感器失效
C. 喷油器卡住并保持在开启状态　　D. 进气歧管有真空泄漏

8. 一位顾客将一辆汽车送去修理，因为汽车在做检查/保养排放测试中，CO 含量高，测试没通过。在测试过程中，氧传感器电压值一直都低，然而，在测试中，传感器功能却是正常的。下面哪项是最可能的问题？（　　）
A. 空气泵在进气处漏气　　B. 燃油泵压力高
C. 喷油器漏油　　D. 空气滤清器滤芯太脏

9. 技术员甲说复合式车辆燃油压力读数低就说明燃油泵否更换了；技术员乙说复合式车辆上燃油压力读数高说明燃油滤清器或燃油管被堵塞了。谁正确？（　　）
A. 只有甲正确　　B. 只有乙正确
C. 两人均正确　　D. 两人均不正确

10. 技术员甲说有真空泄漏对复合式车辆影响很小，因为它不需要依靠真空度信号来计量燃油量；技术员乙说真空泄漏对真空控制的排放控制装置有极大影响。谁正确？（　　）
A. 只有甲正确　　B. 只有乙正确
C. 两人均正确　　D. 两人均不正确

11. 有一辆车据反映有怠速不稳定故障，用废气分析仪检查得出在怠速时，出现混合气可能过稀状态，并且 HC 和 O_2 排放含量高，加大丙烷的浓度不能改善这种情况。在 2 500 r/min 时，废气分析仪的读数才有改善。最可能的原因是（　　）。
A. 在油路中有空气　　B. 气缸垫泄漏
C. 进气门导管磨损　　D. 凸轮轴凸尖磨损